DIREITOS HUMANOS NAS ENTRELINHAS DAS CRÔNICAS DE CARLOS DRUMMOND DE ANDRADE

Blucher

DIREITOS HUMANOS NAS ENTRELINHAS DAS CRÔNICAS DE CARLOS DRUMMOND DE ANDRADE

Luiza de Andrade Penido

Direitos humanos nas entrelinhas das crônicas de Carlos Drummond de Andrade

Editora Edgard Blücher Ltda.

Publisher Edgard Blücher
Editor Eduardo Blücher
Coordenação editorial Jonatas Eliakim
Produção editorial Thaís Costa
Preparação de texto Tampopo Editorial
Diagramação Negrito Produção Editorial
Revisão de texto MPMB
Capa Laércio Flenic

Blucher

Rua Pedroso Alvarenga, 1245, 4º andar
04531-934 – São Paulo – SP – Brasil
Tel.: 55 11 3078-5366
contato@blucher.com.br
www.blucher.com.br

Segundo o Novo Acordo Ortográfico, conforme 5. ed. do *Vocabulário Ortográfico da Língua Portuguesa*, Academia Brasileira de Letras, março de 2009.

Dados Internacionais de Catalogação
na Publicação (CIP)
Angélica Ilacqua CRB-8/7057

Penido, Luiza de Andrade

Direitos humanos nas entrelinhas das crônicas de Carlos Drummond de Andrade / Luiza de Andrade Penido. - São Paulo : Blucher, 2022.

202 p.

Bibliografia
ISBN 978-65-5506-566-4 (impresso)
ISBN 978-65-5506-567-1 (eletrônico)

1. Andrade, Carlos Drummond de, 1902-1987 – Crítica e interpretação. 2. Direitos humanos. I. Título

22-0917 CDD B869.1

Índices para catálogo sistemático:
1. Andrade, Carlos Drummond de, 1902-1987
– Crítica e interpretação

À minha filha, Clarice, e ao meu filho, Gabriel,
por quem semeio as tâmaras dos direitos humanos.

Ao meu marido, Pedro,
com quem sigo a vida de mãos dadas.

À minha avó Marita,
que começou a tecer meu laço com Drummond.

Agradecimento

Agradeço enormemente a Mariza Guerra de Andrade, Flávio Carvalho Ferraz, Menelick de Carvalho Netto e à Fundação Casa de Rui Barbosa, sem as/os quais não seria possível a realização deste livro.

Mãos Dadas

Não serei o poeta de um mundo caduco.
Também não cantarei o mundo futuro.
Estou preso à vida e olho meus companheiros.
Estão taciturnos mas nutrem grandes esperanças.
Entre eles, considero a enorme realidade.
O presente é tão grande, não nos afastemos.
Não nos afastemos muito, vamos de mãos dadas.

Não serei o cantor de uma mulher, de uma história,
não direi os suspiros ao anoitecer, a paisagem vista da janela,
não distribuirei entorpecentes ou cartas de suicida,
não fugirei para as ilhas nem serei raptado por serafins.
O tempo é a minha matéria, o tempo presente, os homens presentes,
a vida presente.

Carlos Drummond de Andrade, "Sentimento do Mundo",
publicado em 1940 (ANDRADE, 2015).

Conteúdo

Introdução

> *Creio que ele pode gabar-se de possuir um título não disputado por ninguém: o de mais velho cronista brasileiro. Assistiu, sentado e escrevendo, ao desfile de onze presidentes da República, mais ou menos eleitos (sendo um bisado), sem contar as altas patentes militares que se atribuíram esse título. Viu de longe, mas de coração arfante, a Segunda Guerra Mundial, acompanhou a industrialização do Brasil, os movimentos populares frustrados mas renascidos, os ismos de vanguarda que ambicionavam reformular para sempre o conceito universal de poesia; anotou as catástrofes, a Lua visitada, as mulheres lutando a braço para serem entendidas pelos homens; as pequenas alegrias do cotidiano, abertas a qualquer um, que são certamente as melhores.*
>
> (ANDRADE, 1984ao).

O "mais velho cronista brasileiro" é como Carlos Drummond de Andrade refere-se a si mesmo ao despedir-se, em crônica, de seus leitores de jornal, após 64 anos dedicados ao ofício. Na crônica "**Ciao**", publicada no *Jornal do Brasil*, o *JB*, em 29 de setembro de 1984, o já aclamado poeta elenca alguns dos acontecimentos históricos por que passou ao longo de sua longa vida, traduzidos em poesia e prosa. Notadamente com o exercício do gênero crônica, Drummond verteu seu olhar humanista sobre o século XX, trazendo-o nas entrelinhas dos textos que versavam despretensiosamente, como ele apontou, sobre seu tempo.

Esta obra se debruça sobre as crônicas publicadas pelo autor no Caderno B do *JB*, entre 1969-1970 e 1983-1984, de modo a identificar como os direitos humanos se revelam nos textos drummondianos, ora a ocupar papel central, ora incidentalmente, embora não acidentalmente. Sua presença parece consciente e traz nas entrelinhas da frivolidade da crônica a visão de Drummond sobre o advento de novos sujeitos e de novas demandas sociais em cena.

Ao considerar o período delimitado, que envolve a produção do autor no *JB* – Drummond também escrevera regularmente de 1954 a 1969 no *Correio da Manhã* –, estamos diante do período de ditadura civil-militar[1] no Brasil (1964-1985), pós-AI-5 (Ato Institucional nº 5, que endureceu o regime a partir de dezembro de 1968), marcado pela censura, pela abolição dos direitos políticos da população, não reconhecimento das instituições (como universidades), pela violência, prisões e arbitrariedades. É esse contexto histórico que as crônicas fotografam, trazendo as marcas de quem mira e sobre o que mira: seja o umbigo das garotas do Rio, seja os moradores de um viaduto. Os retratos que se sobrepõem revelam uma sociedade que se transforma ao longo de quinze anos, superando lentamente a repressão, a transição dos costumes de uma sociedade cada vez mais urbana, que abraçava valores jovens e absorvia os impactos da Primavera de Paris[2] e do movimento *Civil Rigths* norte-americano.[3] O percurso da abertura social e política reclamada e pressionada pelos movimentos reivindicatórios e institucionais nos conduziria à apelidada Constituição Cidadã de 1988.

Entre os diversos fatores que integraram esse processo e levaram à busca e consolidação de novos direitos na Carta Magna, a formação de uma opinião

1 Neste livro, optou-se por utilizar o conceito de ditadura civil-militar para referir-se ao período compreendido entre 1964 e 1985. A intenção é demarcar as diversas forças conservadoras – não exclusivamente militares – responsáveis pelo golpe de Estado e instituição de um regime autocrático, marcado por generais na presidência da República, por apoios de amplos segmentos da sociedade civil e pelo apoio político e ideológico dos Estados Unidos, que legitimaram e compuseram o regime.

2 Movimento político que emergiu na França em maio de 1968, marcado por greves gerais e manifestações estudantis por ampliação de direitos civis, liberação sexual e outras pautas.

3 Uma série de movimentos sociais que eclodiram nos Estados Unidos e envolveram demandas por direitos de pessoas negras, mulheres etc. Culminaram, por exemplo, na aprovação da Lei dos Direitos Civis (Civil Rights Act) de 1964 e da Fair Housing Act (ou Lei de Moradia Justa) em 1968.

pública mais pautada por valores democráticos e humanistas é pilar fundamental. É na construção dessa opinião pública que teve morada a escrita de Drummond. Em seus textos, ele ajudou a construir uma "comunidade imaginada" ou "empatia imaginada", conforme proposto por Lynn Hunt (2009), entre brasileiras e brasileiros, ao inserir na leitura matinal, dia sim, dia não, pequenos extratos de uma concepção libertária da humanidade.

No café da manhã servido por Drummond estavam menções ao direito da criança ("Mas gostaria que viesse ao mundo com um mínimo de garantia [...] não somente o dom da vida, mas oportunidades de vivê-la" ANDRADE, 2013, p. 16); da mulher ("Que diabo, então mulher inteligente não pode assumir o posto [de presidente da República]?" ANDRADE, 1977, s/p); à moradia ("Moro no viaduto de Japari, aliás muito confortável, mas compreende, né? Um pouco longe. Procuro um na cidade" ANDRADE, 2013, p. 43), entre tantos outros por ele citados. A abordagem, no entanto, é delicada: ao escapar do viés panfletário, ostensivo, os narradores de Drummond trazem os direitos humanos nas entrelinhas, às vezes pela ironia, às vezes pela empatia cuidadosamente construída – com o ar de quem está apenas a distrair seu leitor, como um escape da tragédia brasileira exposta no noticiário do factual.

A perspectiva humanista e cidadã do autor, expressa em sua extensa obra, é consistente e recorrente em suas crônicas, seja em defesa dos direitos humanos fundamentais, seja por seu olhar sobre a construção da democracia no Brasil ou sobre a preservação do patrimônio cultural brasileiro (artístico, histórico, ambiental). A partir das narrativas drummondianas, leitoras e leitores do *JB*, por um lado, encontravam no jornal o espaço livre para a fábula, e por outro, por serem expostos a um viés humanista persistente, tinham a possibilidade de ampliar seus horizontes, colocar novos questionamentos sobre si, sobre o mundo e sobre modos de ver até então naturalizados. Com as crônicas, era dado a quem lia a chance de se reordenar e se humanizar, no desenvolvimento da empatia com a/o outra/o, da valorização da democracia e dos direitos humanos.

Embora existam numerosos estudos que contemplam as sete faces da literatura drummondiana, a leitura sob a óptica dos direitos humanos para sua obra, em especial para suas crônicas, ainda apresenta lacunas. Assim, temos aqui um caminho original ao delimitar o olhar para os direitos humanos nas crônicas publicadas do *JB*, relacionando-as ao contexto histórico e ao processo de construção social de novos sujeitos coletivos e de novos direitos.

Ao dedicar-se às crônicas, este livro apresenta textos que não estão facilmente disponíveis ao público, uma vez que a maior parte deles não foi publicada em livro nem está integralmente disponível na internet, mas apenas nos arquivos do jornal, veículo perecível por natureza. A maior parte da produção de Carlos Drummond de Andrade publicada no *JB* ainda não disponível em livros integra o acervo literário da Fundação Casa de Rui Barbosa, localizada na cidade do Rio de Janeiro, e pode ser consultada apenas presencialmente.

No primeiro capítulo, busco identificar elos entre direitos humanos e literatura, destacando como foram exercidas influências mútuas e simultâneas, a exemplo do que propõe Lynn Hunt (2009) e Herrera Flores (2009). Ao ter em conta um modelo relacional entre direitos humanos e outras esferas da vida, o autor espanhol defende que processos educativos, culturais e midiáticos podem difundir narrativas que trazem consciência sobre os direitos humanos e cidadania, influenciando a transformação de cada leitor(a).

No capítulo seguinte, discuto a crônica literária e sua correspondência aos contextos históricos brasileiros, analisando o lugar social da crônica como proponente e reconhecedoras de sujeitos e de direitos, capaz de influenciar a formação da opinião pública. O tema permite pensarmos como a imprensa contribuiu e contribui para a formação crítica do público leitor, não apenas por meio das notícias, mas por elementos como a crônica, com potencial para a construção – e também para a destruição – de processos democráticos.

Já no terceiro capítulo, a leitura e análise das crônicas de Drummond elenca textos que tratam dos direitos humanos, ainda que tangencialmente, mas de maneira assertiva. Eles foram agrupados em um feixe de relações que associam o texto aos direitos e sujeitos enunciados, permitindo uma visão sobre como os aspectos de direitos humanos foram traduzidos pelo autor sob o viés de direitos e de grupos vulnerabilizados reconhecidos na sociedade de então, reunidos em categorias de direitos humanos, relacionando-as ao contexto histórico brasileiro e como se integram a um movimento de abertura democrática.

Por fim, o quarto capítulo captura o viés humanista de Drummond, expresso por meio de sua literatura, entrevistas e por sua atuação profissional como poeta e servidor público. Também foi estudada sua face como cronista, ofício que exerceu por 64 anos, e considerado seu lugar de fala, enquanto homem branco heterossexual, nascido em 1902 no seio de uma família marcadamente patriarcal e pertencente à elite rural do Quadrilátero Ferrífero mineiro, de modo que já era uma pessoa idosa ao iniciar as crônicas do *JB*, em 1969. Trata-se de atributos que certamente são refletidos, embora não determinantes, nas suas posições, pensamentos e sentimentos expressos nas crônicas estudadas.

De acordo com a catalogação realizada pela pesquisadora Valentina Nunes (1995), toda a publicação regular de Carlos Drummond de Andrade no *JB* compreende um total de 2.274 textos, publicados entre 20 de outubro de 1969 e 29 de setembro de 1984, às terças, quintas e sábados, perfazendo quinze anos. Considerado o grande volume textual, foram avaliados os textos drummondianos do *JB* veiculados durante os dois primeiros anos do Governo Médici (1969-1974), fase caracterizada pela censura e por um maior endurecimento do regime, chamada de "anos de chumbo", em contraponto ao chamado "milagre" econômico; bem como analisar os textos publicados durante os dois anos finais da fase que corresponde à gestão de Figueiredo (1979-1985), já marcada pela abertura democrática do país.

De fato, o Ato Institucional nº 5 (AI-5), anunciado pelo governo militar em 13 de dezembro de 1968, "inaugurou uma nova época, na política e na cultura, demarcando um corte abrupto no grande baile revolucionário da cultura brasileira, então em pleno auge" (NAPOLITANO, 2018, p. 118). Nesse momento, a ditadura passou a recair sobre a parcela mais crítica do estrato social que ela prometia proteger – a classe média, estruturando uma máquina repressiva contra a sociedade, baseada no tripé vigilância-censura repressão, aprimorado com a reformulação da Lei da Segurança Nacional, em 1969. Já o governo Figueiredo reafirmava-se como o da conciliaçao, considerada uma nova fase política, não mais uma ditadura tão ameaçadora, tampouco uma democracia, com um longo período de distensão do autoritarismo.

Com a delimitação dos dois marcos temporais, foi eleito um ano de cada um dos períodos relativos às gestões político-administrativas marcantes na trajetória social e política do regime militar brasileiro. Assim, foram elencados e organizados os direitos mais presentes, de modo constante e proeminente, identificando as temáticas que saltam do conjunto dos textos, nas crônicas publicadas entre outubro de 1969 e outubro de 1970, bem como entre setembro de 1983 e setembro de 1984, o que perfaz 299 crônicas no total.

Na análise, investigo quais e como os direitos humanos aparecem nas crônicas de Drummond; como é retratada a ascensão de novos sujeitos de direitos na esfera pública; qual o diálogo que o autor (e seu narrador) estabelece com o seu tempo; quais direitos estão vigentes ou em debate em seu contexto; se essa produção literária de Drummond integra uma ambiência de abertura democrática; se o narrador muda ou altera seu ponto de vista, atualizando seus supostos. Foram consideradas não apenas menções diretas aos direitos humanos, mas também mensagens escritas nas entrelinhas, inescapavelmente escondidas em uma busca por palavras-chave nos títulos das crônicas, por exemplo. Do mesmo modo, identifiquei algumas lacunas na obra – direitos e sujeitos não reconhecidos ou problematizados naquele momento histórico.

Este livro tem origem na dissertação de mestrado aprovada no Programa de Direitos Humanos e Cidadania da Universidade de Brasília (UnB) em 2020. Ao final, a leitora ou o leitor poderá consultar uma tabela organizada a partir dos direitos tratados, constando título da crônica, data de publicação e direito humano relacionado. O documento permite visualizar de maneira rápida quantas e quais crônicas tratam de determinada temática. Anexo ainda, a seguir, um *link* para *download* das crônicas citadas na análise qualitativa, de modo a permitir sua própria leitura dos textos discutidos.

Por fim, informo que optei por escrever o título das crônicas analisadas em negrito com o objetivo de realçá-las e por realizar atualizações nas citações de acordo com o Novo Acordo Ortográfico da língua portuguesa, obrigatório no Brasil desde 2016, para facilitar a leitura e minimizar erros de transcrição, já que as crônicas não estão digitalizadas.

1. Direitos humanos e literatura

As trajetórias dos direitos humanos, historicamente, espelham ou expressam campos de luta, contradições, avanços e recuos políticos conforme as diversas contingências sociais. Na obra *A invenção dos direitos humanos: uma história*, a historiadora Lynn Hunt (2009) discorre sobre os processos que culminaram no invento de direitos humanos universais, seu caráter volante – e por vezes volátil. Hunt analisa como, ao resistir por quase dois séculos, a Declaração dos Direitos do Homem e do Cidadão (1789), fruto da Revolução Francesa, ecoou na Declaração Universal dos Direitos Humanos (DUDH), de 10 de dezembro de 1948, adotada pela Organização das Nações Unidas (ONU) (NAÇÕES UNIDAS, 1948).

O primeiro artigo da DUDH – "Todos os seres humanos nascem livres e iguais em dignidade e direitos"– dialoga de forma inequívoca com o artigo 12 da declaração de 1789: "Os homens nascem e permanecem livres e iguais em direitos". A semente é ainda um pouco anterior, pois na Declaração da Independência Americana, de 1776, embora não tivesse natureza constitucional e fosse transformada em *Bill of Rights* apenas em 1791, já era possível enxergar uma proclamação de direitos humanos. A despeito de as declarações do fim do século XVIII afirmarem salvaguardar as liberdades individuais, não foram capazes de obstar a ascensão quase imediata, na França, de um governo repressor, chamado de "O Terror".

Ao caracterizar os direitos humanos, Hunt requisita três qualidades encadeadas: naturais (inerentes nos seres humanos), iguais (os mesmos para todo mundo) e universais (aplicáveis por toda parte). "Para que os direitos sejam humanos, todos os humanos em todas as regiões do mundo devem possuí-los igualmente e apenas por causa de seu *status* como seres humanos" (HUNT, 2009, p. 19). As três qualidades, porém, não são suficientes, pois só alcançam sentido em sociedade e requerem ter os direitos dos demais humanos em perspectiva e, ainda, a participação ativa de quem os detêm.

Para além da instigante perspectiva histórica trazida por Hunt, interessa aqui sua concepção socialmente formulada, de como os direitos humanos dependem de um sentimento amplamente comum sobre o que não é mais aceitável em determinada sociedade. Trata-se de uma construção social sobre o certo e o errado, de convicções em relação às demais pessoas e grupos, que suplantam doutrinas formalmente positivadas. É esse ponto de referência emocional interior, partilhado pela maior parte de uma sociedade, que faz com que determinados direitos sejam "autoevidentes" e que possibilitam a difusão de filosofias, tradições legais e política revolucionária.

Para Bobbio (2004), em *A era dos direitos*, a Declaração Universal dos Direitos do Homem e do Cidadão significou um momento decisivo na história humana, assinalando o rompimento com o Antigo Regime e o surgimento de uma nova era. Partilharam as Revoluções Americana e Francesa dos mesmos princípios inspiradores, fundamentados no direito natural, com a instituição de governos baseados em um contrato social, republicano, democrático, que apregoa um Estado liberal e uma sociedade individualista. Do mesmo modo, é inaugurada uma nova relação entre governado e governante, este agora responsável por proteger direitos civis. A declaração oriunda da Revolução Francesa consolidou-se, assim, por cerca de duzentos anos, um cânone para todos os povos que lutaram por sua emancipação.

A Modernidade buscava evidências racionais ao compreender os direitos naturais, enraizando uma crença de tal solidez em que todos os seres humanos nascem iguais, livres e proprietários, no mínimo de si próprios, capazes de transformar a imóvel eticidade tradicional em uma nova eticidade – reflexiva, plural, apta a se voltar criticamente sobre si mesma, conforme Carvalho Netto e Scotti (2011). O enfoque na racionalidade humana acompanha a invenção do indivíduo, atribuindo ao interior de cada um a fonte da moral, inerente à sua racionalidade.

De fato, a noção de direitos naturais, tal qual havia sido construída na Antiguidade, era vinculada a uma estrutura social estratificada por castas. Com a crescente complexificação das sociedades modernas, o termo "direitos naturais" passa a ser reocupado – e compreendido em sentido oposto ao original, uma vez que rompe com a naturalização de estruturas herdadas, para basear-se na tríade liberdade, igualdade e propriedade – conceitos burgueses que, duzentos anos depois, começaram a adquirir nuances mais inclusivas. A Modernidade fundamenta, então, os direitos naturais em exigências morais, entendendo-os como evidências racionais.

De acordo com o pensamento crítico de Herrera Flores (2009), as teorias e as práticas sociais em defesa da dignidade humana ainda hoje se inserem em uma concepção vicinal ao jusnaturalismo, trazida pelo Preâmbulo e pelo artigo 1.1 da DUDH de 1948 (NAÇÕES UNIDAS, 1948), que atribui aos seres humanos direitos inatos. Em *A (re)invenção dos direitos humanos*, o pesquisador contrapõe-se a essa herança jusnaturalista dos direitos humanos, nascida no século XVIII, que os concebe *a priori*, em uma designação de direitos anterior mesmo à existência de capacidade e de condições essenciais ao seu exercício pleno. Para ele, a crença nessa lógica resulta em desencanto para a imensa maioria da população global – perceptivelmente sem gozo efetivo dos direitos que lhe dizem ser devidos.

Mesmo com viés jusnaturalista,[1] a construção dos direitos tidos como humanos, pois naturais, iguais e universais, depende da atribuição de autonomia a cada um. Para ter direitos humanos, as pessoas deviam ser vistas como indivíduos capazes de exercer um julgamento moral independente; ao passo que, para integrarem uma comunidade política baseada em tais julgamentos, indivíduos autônomos tinham de ser capazes de sentir e internalizar empatia pelos demais, garantindo que todos se vissem verdadeiramente como semelhantes. Para Hunt (2009), as noções de autonomia e igualdade ganharam influência a partir do século XVIII, ao considerar que as pessoas tinham capacidade de raciocinar e de decidir por si mesmas – mas não todas as pessoas.

1 Em definição simplificada, o jusnaturalismo é uma corrente de pensamento que considera o direito como natural, independentemente do contexto, das lutas e das próprias normas.

Tanto a autonomia quanto a empatia podiam ser aprendidas, bem como as limitações podiam ser questionadas – e o foram, por meio de um histórico de lutas por reconhecimento.

No fim do século XVIII, o termo "universal" idealizado excluía crianças, "insanos", estrangeiros, prisioneiros, minorias religiosas, escravos e mulheres, deixando em dúvida seu caráter emancipatório. Ao desconsiderar todos/as, efetivamente, como iguais em direitos, os fundadores da Declaração francesa são reputados como elitistas, racistas e misóginos. No período, a autonomia moral requeria, de modo geral, capacidade de raciocinar e independência na tomada de decisões. Inserem-se no primeiro critério as crianças e os "insanos" (pessoas com transtornos mentais ou deficiência intelectual ou mental), que poderiam, em tese, ganhar ou recuperar essa capacidade. Já escravos, criados, homens sem propriedade e mulheres não possuíam independência para serem autônomos – uma situação que poderia ser modificada a depender da sorte: comprando a liberdade, adquirindo uma propriedade – com exceção das mulheres, classificadas como inerentemente dependentes de pais ou maridos (HUNT, 2009).

Desse modo, a sociedade construída no período ampliou a distinção social entre homens e mulheres ao elevar apenas a honra e a virtude do homem à esfera pública, enquanto as mulheres foram mantidas na esfera privada e doméstica. Aos homens passou a ser possível a garantia da cidadania. Já as mulheres poderiam ser desonradas se punidas, mas não tinham direitos políticos a perder. Dessa maneira, aristocratas e homens comuns passaram a desfrutar de uma igualdade formal que não foi estendida às mulheres.

Consoante a autonomia e a empatia são determinadas no processo de apreensão e questionamento, a base emocional se transforma, trazendo novas percepções coletivas de quem tem direitos e quais são eles, em um movimento contínuo. Esse processo se deve, em parte, em reação às próprias declarações de direitos, que trazem compreensões inovadoras sobre sujeitos e direitos. Como os direitos dependem do reconhecimento tanto de si, quanto do outro, a falha nesta última condição é a causa, para Hunt, da desigualdade contra a qual lutamos ao longo dos séculos.

Pelo contraste, a historiadora explica por que os direitos humanos só conseguiram prosperar mais de um século depois de seu nascimento.

Os pressupostos de igualdade da natureza humana, difundidos após a Declaração dos Direitos do Homem e do Cidadão, envolviam todas as culturas e classes, desnudando a reafirmação de diferenças apenas com base em preconceitos e costumes. Assim, floresceu ao longo do século XIX uma série de explicações biológicas com vistas a manter e reforçar as velhas estruturas de dominação de homens sobre mulheres, brancos sobre negros, cristãos sobre judeus. Foi só no século XX, após o horror vivido com as grandes guerras, em especial a segunda, que as nações lograram assinar a DUDH, aprovada não a despeito, mas devido à ausência impositiva e punitiva, que se tornou um patamar mínimo de referência para a ação estatal e internacional desde então.

Um lugar no diamante ético dos direitos humanos

A gênese dos direitos humanos evidencia seu caráter histórico, cujo contexto é sempre marcado pela luta por seu reconhecimento, em afronta às tradições vigentes. Nascem, pois, de forma gradual, com traço histórico que explica por que algo considerado fundamental em determinado momento ou cultura não ocupa o mesmo lugar em outra conjuntura, de modo que é necessário buscar fundamentos diversos para cada direito, baseados em demandas e contextos. Para Bobbio (2004), os direitos humanos são calcados na sociabilidade – e não na naturalidade acreditada pelos jusnaturalistas.

Ao se apoiar na clássica compreensão histórica dos direitos humanos, Bobbio os divide em direitos de primeira geração (relacionados à liberdade e ao não agir do Estado); de segunda geração (direitos sociais, que requerem uma ação positiva do Estado); de terceira geração (relacionados ao meio ambiente, à solidariedade, à paz internacional, ao desenvolvimento, à comunicação, sendo direitos dos seres humanos enquanto comunidade, e não enquanto indivíduos); e de quarta geração (provenientes do progresso tecnológico, como o direito de viver em um ambiente não poluído, à privacidade e à integridade do patrimônio genético). Para ele, a DUDH é, em si, prova irrefutável de um consenso, pois enuncia o compartilhamento de valores comuns entre toda a humanidade, de modo universal.

Ao propor uma teoria crítica sobre os direitos humanos, com viés idealista e baseado na capacidade de movimentos sociais de instituir direitos, Herrera Flores contrapõe-se à visão de Bobbio. Ele elucida que os direitos humanos "surgiram no Ocidente como resposta às reações sociais e filosóficas que pressupunham a consciência da expansão global de um novo modo de relação social baseada na constante acumulação de capital" (HERRERA FLORES, 2009, p. 36). Já no século XX, o termo alcançou uma abrangência aparentemente universalista a partir da DUDH de 1948, que consagrou os direitos humanos.

Embora a DUDH ainda se mantenha como um marco para a humanidade, um patamar do mínimo aceitável para a dignidade humana, ela nasce de fundamentos ocidentais – uma característica que a situa contextualmente. Assim, Herrera Flores problematiza como um conceito nato em um contexto específico propalou-se e consolidou-se universalmente, apesar de entraves frequentes em face de culturas tão múltiplas – ao abarcar até povos que sequer possuem linguisticamente o conceito de direito. Como resultado, deparamo-nos com divergências quanto aos direitos humanos com o risco perene de que eles signifiquem e requeiram implementação imperativa, sendo oriundos de uma concepção de superioridade implícita em discursos benevolentes, missionários e democráticos de imposição cultural, política e econômica, conforme explica Sousa Júnior (2016).

Em sua crônica de 17 de abril de 1984, "**Ainda o espírito da coisa**", publicada no *Jornal do Brasil* (*JB*), Drummond versou sobre alguns dos pontos centrais discutidos pela visão contra-hegemônica de direitos humanos de Herrera Flores e Sousa Júnior. Em síntese, trata da dificuldade de vivenciar de maneira plena os direitos atribuídos a cada indivíduo.

> *DIREITOS DO HOMEM*
>
> *Todo homem tem direito ao desemprego, à fome, à doença e à morte.*
>
> *Os direitos do homem são muitos, e raro o direito de gozar deles.*

Nem todo homem tem direito a conhecer os seus Direitos.

Vista da Lua, a Declaração Universal dos Direitos do Homem é irretocável.

(ANDRADE, 1984o).

Os aforismos invertem o sentido entre direito e a realidade de grande parcela da população, que experimenta desemprego, fome, doença e morte; a opção por uma enumeração analítica de direitos em que homens e mulheres sequer têm acesso a conhecer seus próprios direitos. A concepção de uma Declaração dos Direitos Humanos[2] (NAÇÕES UNIDAS, 1948) que é irretocável quando vista da Lua, conforme proposto por Drummond, pode ser compreendida como uma crítica a um documento que não encontra ressonância na efetivação de direitos, por um lado, e, por outro, mantém-se a distância, sem percepção de pormenores, discrepâncias, lutas, desigualdades – impurezas. Ou seja, sem contemplar o contexto e o caráter eminentemente histórico e cultural dos direitos humanos. Por meio da ironia, o cronista desvela os direitos humanos como utopia universal, ao passo que revela os obstáculos ao gozo efetivo e igualitário por direitos.

Os direitos humanos são marcados pelo entendimento cada vez mais amplo do que são violações e pelo reconhecimento de sujeitos de direitos. Seu caráter emancipador advém de outra especificidade: o papel descortinador, que revela novos questionamentos sobre um hábito – uma tradição, tão natural que familiarizava a tal ponto sua vítima, de modo que estas nem se percebiam vítimas ou sonhavam em reclamar por direitos que nem se sabiam detentoras.

Conceito basilar dos direitos humanos, a dignidade humana é considerada a fonte moral formadora de todos os direitos humanos, inclusive de seu caráter igualitário e universalista, segundo Habermas (2010). Entretanto, o

2 Em seu aforismo sobre Direito, Drummond intitula erroneamente a Declaração Universal dos Direitos Humanos, de 1948. É possível que o engano se deva a uma confusão com a Declaração de Direitos do Homem e do Cidadão, publicada em 1789, no período da Revolução Francesa. De todo modo, pode denotar uma percepção do poeta de equivalência entre "do homem" e "humano", invisibilizando o lugar do gênero feminino.

exercício dos direitos assegurados com base na dignidade humana depende de oportunidades iguais, o que engloba independência, autonomia, inclusive financeira, possibilidade de formar identidades em um entorno cultural autonomamente concebido. A dignidade, assim, é composta conjuntamente pelo respeito próprio, que por sua vez depende do reconhecimento social. Constitui-se, portanto, em uma dignidade social, ancorada em ordem política autocriada, imprescindivelmente democrática e fundada em direitos humanos.

A dignidade humana ocupa igualmente lugar central para Herrera Flores (2009), pois não envolve noções abstratas, mas garantias ou óbices ao acesso (igualitário ou desigual) a bens materiais e imateriais. Assim, liberdade e igualdade, dois dos princípios mais caros aos direitos humanos, possuem relação imbricada a ponto de uma requerer a outra para existir, de modo que políticas de igualdade, concretizadas em direitos sociais, econômicos e culturais, são cruciais para que liberdades individuais – direitos civis e políticos – estejam presentes.

* * *

Os direitos humanos por vezes embaralham noções distintas: o direito proclamado, o efetivamente positivado em um ordenamento jurídico e ainda o que de fato pode ser desfrutado plenamente pelos indivíduos. Para Bobbio, os direitos humanos muitas vezes se confundem como discurso ou como aspiração, ocultando "a diferença entre o direito reivindicado e o direito reconhecido e protegido" (BOBBIO, 2004, p. 29). Herrera Flores lança um novo olhar para a discussão ao afirmar que a linguagem falada pelos direitos é sempre normativa. Os direitos não descrevem a realidade, pois se referem ao que deveria ser, e não ao que já é. Desse modo, os direitos humanos podem ser lidos como uma convenção cultural que introduz uma tensão entre direitos reconhecidos e práticas sociais. Tais práticas almejam, por um lado, sua positivação; por outro, um reconhecimento dentro de um campo político, em combates travados entre atores absolutamente distantes de qualquer neutralidade (HERRERA FLORES, 2009).

Percebe-se, portanto, que a declaração e a positivação de direitos são conquistadas após lutas por acesso a bens. Por conseguinte, as lutas sociais são travadas em busca de dignidade, entendida não como simples acesso aos bens, mas como um acesso igualitário e não hierarquizado em definições prévias de posições privilegiadas para alguns poucos e subordinação para os demais. A desigualdade nas condições materiais e imateriais de acesso são, dessa forma, motivações para os embates, que se convertem em resultados provisórios – os direitos humanos, sempre de acordo com cada contexto social. A declaração de direitos, formalizada e pública, surge, então, para confirmar as mudanças experimentadas por uma sociedade, ainda que não haja concordância completa na sociedade na exata ocasião da declaração sobre esses direitos.

A perspectiva sobre a positivação de direitos se amplia com o Direito Achado na Rua, corrente nascida dos ideários de Roberto Lyra Filho e desenvolvido por José Geraldo Sousa Júnior, entre outros autores, que aborda a atuação jurídica de novos sujeitos sociais, que disputam e enunciam novos direitos na arena pública, aqui denominada "rua". Ao contrário do modelo positivista, que apenas compreende como direito o que está normatizado pelo Estado, a reflexão crítica busca enunciados transformadores dos espaços públicos, *locus* de emancipação e emergência de novos sujeitos que se entendem como detentores de direitos. Conforme explica Carvalho Netto, foi exatamente no contexto da ditadura que Roberto Lyra Filho cunhou a expressão Direito Achado na Rua, de modo a resgatar a dimensão normativa emancipatória e inclusiva inerente ao direito, enquanto denunciava o positivismo formalista e os jusnaturalismos como instrumentalização abusiva do direito. Os abusos, assim evidenciados, não podiam mais ser aceitos como democracia nem como constitucionais.

Para a teoria, por meio das manifestações da rua, o direito alcança a positivação, concretizando-se em normativo reflexo das lutas por justiça social e equidade, com base legítima de movimentos e controles sociais. Dessa forma, o direito se desloca da norma e se coloca na rua, conquistada no interior do processo histórico, dialético e social, suas lutas e contradições, ao passo que adquire caráter concreto e plural, pois baseado no que pulsa na rua: o povo. Assim, o direito é visto por seu caráter transformador, capaz de alterar a lógica jurídica opressora, ao positivar demandas de novos movimentos sociais, formados por novos sujeitos de direito originários das ruas (SOUSA JÚNIOR, 2015).

* * *

Diante do contexto de queda do Muro de Berlim, do colapso do socialismo e do Estado de Bem-Estar Social, agravado pela recente onda ultranacionalista e direitista, aos direitos humanos se coloca o desafio de resistência ao predomínio ideológico do neoliberalismo. As ameaças mais contundentes miram os direitos sociais originários de lutas, em especial a partir da segunda metade do século XIX, e também a captura do que é público em benefício privado, conforme alerta Herrera Flores (2009). Com enfoque no entendimento de direitos humanos sob a ótica da concepção histórica e contextualizada, Herrera Flores aponta que a teoria das gerações de direitos traz o risco de impelir a uma visão de superação das gerações anteriores, quando há uma coexistência de lutas por direitos que não cessa, exatamente pela desigualdade na efetivação e pelo risco perene de retrocessos. Sousa Júnior (2016) acrescenta que a concepção linear de gerações de direitos pressupõe a primazia dos direitos civis e políticos – e do próprio Estado liberal – em relação aos direitos humanos econômicos, sociais, culturais e ambientais (denominados Dhesca), o que fragiliza a noção de indivisibilidade dos direitos humanos e abre caminhos para denegações de direitos. Nesse sentido, uma teoria crítica do direito não prescinde do empoderamento de grupos sociais desprivilegiados para que lutem pelo acesso aos bens protegidos pelo direito, além de reforçar as garantias já positivadas. Herrera Flores (2009, p. 72) propõe, então, uma teoria baseada na:

> *1) recuperação da ação política de seres humanos corporais com necessidades e expectativas concretas e insatisfeitas;*
>
> *2) formulação de uma filosofia impura dos direitos, quer dizer, sempre contaminada de contexto; e*
>
> *3) recuperação de uma metodologia relacional que procure os vínculos que unem os direitos humanos a outras esferas da realidade social, teórica e institucional.*

Assim, a teoria proposta deve contemplar as condições vivenciadas contextualmente, como desigualdades de acesso a bens, diferenças, preconceitos e impurezas – por ele definidas como o que é contaminado pelo contexto. Dessa maneira, estabelece as categorias de uma metodologia relacional de direitos humanos, ao citar espaço, pluralidade e narrações.

Para o pensamento crítico, a centralidade está na percepção de que os direitos não são prévios às lutas por condições sociais, econômicas, políticas e culturais. Elas proporcionam o desenvolvimento das capacidades humanas e de seus contextos, de modo que todas as culturas possam apresentar suas próprias alternativas e discuti-las em plano de igualdade, concebendo os direitos humanos como uma abertura de espaços de luta pela dignidade humana. Nesse processo, busca-se o comprometimento com a conquista de espaços sociais de democracia, formação e tomada de consciência sobre conceitos-chave para os direitos humanos, como igualdade e liberdade em contraponto à desigualdade e à exploração social.

Entre as estratégias citadas para atuar criticamente em prol dos direitos humanos estão os processos educativos, culturais e midiáticos, capazes de denunciar e visibilizar as manipulações simbólicas que naturalizam a desigualdade em sociedade, assimilada e incorporada também pelos oprimidos. Nesse sentido, é possível situar a literatura como detentora de um lugar no modelo inspirador do diamante ético proposto por Herrera Flores. A gema relaciona imageticamente os diversos elementos componentes dos direitos humanos atualmente:

> *Com o "diamante ético", nos lançamos a uma aposta: os direitos humanos vistos em sua real complexidade constituem o marco para construir uma ética que tenha como horizonte a consecução das condições para que "todas e todos" (indivíduos, culturas, formas de vida) possam levar à prática sua concepção da dignidade humana. (HERRERA FLORES, 2009, p. 79)*

No eixo conceitual, o pesquisador caracteriza a categoria "narrações", entendidas como o modo como coisas ou situações são definidas, inclusive normativamente, ou seja, como devemos definir e como devemos participar de relações sociais. Entre os exemplos citados, estão novelas, discursos ou imagens, aos quais ouso incluir a literatura e o próprio jornalismo. São narrativas capazes de difundir valores formadores de uma opinião pública acerca de temáticas diversas, incluídos os direitos humanos. De um modo dialógico, essas narrativas influenciam e são influenciadas pelos conceitos interdependentes apontados por Herrera Flores: disposições (a consciência sobre seu lugar na sociedade), posições (lugar que se ocupa nas relações sociais e que determina a forma de acessar aos bens), valores (preferências individuais ou coletivas) e práticas sociais (formas de organização e de ação a favor ou contra uma situação de acesso aos bens).

Herrera Flores discorre sobre o papel da arte para tratar dos direitos humanos de forma não particular, mas também não universal *a priori*. A obra artística, para ele, é mais aberta a abranger esse olhar híbrido em comparação com a linguagem científica, por exemplo. Esta, por se caracterizar pela objetividade e pelo discurso de neutralidade, muitas vezes ofusca a multiplicidade de sentidos e de olhares, superando disputas típicas da academia, que desprezam a empiria. A arte traz, em si, a negação a um sentido único, e a abertura pela diversidade de interpretações, de acordo com o contexto e com o(a) leitor(a)/receptor(a).

Na linha historialista de Hunt, os romances e todos os modos modernos de comunicação – como a literatura, o cinema e a TV – conseguiram, de fato, ampliar e estimular o sentimento de empatia, mas não foram suficientes para assegurar que as ações humanas fossem sempre regidas em consideração ao outro. Essa ambivalência foi cunhada como gêmeos malignos, que se sucederam ao alternar entre a reivindicação de direitos universais, iguais e naturais e o crescimento de ideologias da diferença (HUNT, 2009).

Direitos humanos e literatura se enlaçam

Na construção da empatia e da autonomia – que, para Hunt, resultaram nas declarações de direitos do final do século XVIII – impactaram jornais e romances da época, criando uma "comunidade imaginada" essencial, em que uma pessoa passa a ser capaz de enxergar-se na outra, gestando o fundamento dos direitos humanos. Os relatos dos dramas vividos, do perfil psicológico descrito com verossimilhança e mesmo de descrições de tortura trouxeram uma empatia que suplantava a proximidade de vínculos entre famílias, religiões e nações, para estrear valores mais amplos, universais.

Até o advento dos romances epistolares, a empatia era destinada a pessoas próximas, com laços sanguíneos, sociais, étnicos, regionais e até paroquiais.

Contudo, as fronteiras da percepção do outro foram expandidas por meio do envolvimento com personagens realisticamente descritos pela narrativa. O novo gênero apresentava uma nova psicologia, voltada para uma "torrente de emoções", sempre em tom confessional, que fundaram pilares inéditos para uma nova ordem política e social. Assim, as narrativas do fim do século XVIII trouxeram uma compreensão sobre a igualdade entre todas as pessoas, baseada no fato de que todas possuem sentimentos, independentemente de critérios utilizados para hierarquizar indivíduos: cor, idade, gênero, classe etc. Muitos livros abordavam ainda o afã de suas/seus personagens por autonomia, criando uma identificação pelo envolvimento apaixonado com a narrativa (HUNT, 2009, p. 39). A autora traduz a difusão da igualdade como um processo de aprendizado com impactos profundos e consequências políticas, em que se sublinha a invenção dos direitos humanos.

Ao gênero popular à época pode-se creditar parte do resultado descrito por Hunt, já que a narrativa em forma de cartas em primeira pessoa amplifica o caráter da verossimilhança, a humanização da personagem e, por conseguinte, uma identificação que enlaça o(a) leitor(a). O recurso é capaz de encobrir os traços de autoria e ressaltar o desenvolvimento psicológico e a perspectiva do eu interior da personagem, reforçado na opção pelo emprego do tempo presente. Conquanto as heroínas principais dos romances epistolares fossem mulheres, essa identificação entre personagem e leitor(a), relatada inclusive por diversos homens, permitiu cruzar a fronteira do gênero, confluindo na criação de empatia de homens (parte do público leitor) por mulheres (personagens), de modo que esse sentimento pudesse, a partir de então, alcançar mulheres reais – além das ficcionais. Mais ainda, os romances epistolares acentuavam a interioridade de cada personagem, demonstrando a individualidade comum a todas as pessoas, expressa em sentimentos íntimos descritos em cartas autorais. Evidenciavam, pois, que todos os indivíduos são iguais de alguma forma, uma vez que possuem uma interioridade, e desenvolviam no(a) leitor(a) uma noção de igualdade pela humanização do outro.

A inovação trazida e difundida pelos romances, como esperado, abalou uma parcela mais conservadora da sociedade à época, em especial clérigos e pastores, que acusavam a nova literatura de povoarem o descontentamento entre mulheres e criados, de estimularem em demasia o corpo e a absorção "moralmente suspeita" e atentarem contra a autoridade familiar, moral e religiosa. Em contrapartida, emergiu uma percepção positiva sobre os romances, como a de Diderot, que atribuía a eles a capacidade de tornar os leitores menos autocentrados e mais compreensivos em relação aos outros, tornando-os mais morais – e não menos (HUNT, 2009).

Com efeito, os romances ensinaram seus leitores a sentir empatia por um desconhecido, alguém com quem jamais tiveram contato e com quem partilha-se pouco além da humanidade, descrita de modo tão vívido e íntimo em cartas pessoais. Por meio da apreciação da intensidade emocional alheia, esse aprendizado alcançou as gerações posteriores e fez com que pudéssemos nos ver em outro muito diferente de nós, por meio do reconhecimento e identificação com sentimentos interiores. Nasceram na ocasião as sementes dos direitos humanos, que floresceram quando fomos capazes de atribuir ao outro uma igualdade em face de si mesmo, experimentando a identificação profunda com "personagens comuns que pareciam dramaticamente presentes e familiares, mesmo que em última análise fictícios" (HUNT, 2009, p. 58). A pesquisadora exemplifica o impacto do novo sentimento social, em parte devido aos romances da época, para a eclosão de campanhas pela abolição da tortura em diversas localidades iniciadas na década de 1760. Em muitos casos, a demanda foi sancionada pelos Estados e resultou na moderação progressiva de castigos físicos.

A temática da empatia aparece em algumas crônicas drummondianas analisadas neste livro. Em "**Novidade na missa**" (4 dez. 1969), o texto dialoga com a empatia como força motriz da humanidade, ao tratar do novo hábito estimulado em missas, de fiéis saudarem-se uns aos outros. A sugestão do narrador é que as demais instituições adotem o hábito de maior contato nas relações humanas, pelo "reconhecimento de semblantes":

> *Quem olha pra mim e me aperta a mão, reconhece a minha existência e faz conhecer a sua. [...] Dissipa-se nossa solidão de espectador de um espetáculo assistido por inúmeros solitários no vasto salão da terra. Então descobrimos que não estamos assistindo apenas, dentro de nossas conchas invulneráveis: somos o espetáculo. (ANDRADE, 1969k)*

O texto guarda também algumas agulhadas direcionadas ao governo, baseado em "cláusulas legais imperativas", segundo Drummond, em que o cidadão comum deve seguir a "uma centena de volumes que contêm as indicações indispensáveis para orientar o seu comportamento". Adiante, prossegue: "A massa de recomendações, proibições, sanções é totalmente inútil ao indivíduo já certificado de que vive em um mundo real comandado por disposições irreais" (ANDRADE, 1969k). A crítica ao excesso de normativas faz menção ao autoritarismo vigente então, que governava por meio de atos institucionais e decretos, sem participação do Congresso e com um perfil maior de controle da vida social.

Em "**As notícias**", poema publicado na coluna de 13 de dezembro de 1969, em especial na quarta e última estrofe, toca de maneira profunda o horror diante de atrocidades como massacres cometidos, em contraste com nosso caráter humano, que deveria ser marcado pela empatia, por uma elevação de espírito e de ações. O título traz um diálogo com o conteúdo de jornal, que rodeia em companhia ao pequeno espaço do autor no *JB*, recheado de notícias citadas: o assassinato da atriz Sharon Tate, em agosto de 1969; o massacre na aldeia My Lai, em 1968 – a maior chacina de civis ocorrida durante a Guerra do Vietnã; a gripe de Hong-Kong, que apavorou o mundo no fim da década. Ao entremear o texto com as atualidades, o narrador de Drummond constata, melancólico, uma proliferação de assassinatos em massa, para prosseguir ao se questionar se "Deus é fábula esmaecida" – ou se vamos aprender a ser humanos, mesmo que aprendizes pequeninos. Os dois versos finais soam como um apelo, um chamado para o fio que nos une enquanto humanidade e que dialoga com o papel humanizador que a literatura possui – aqui exercido de maneira explícita, quando o autor clama pela humanidade, cuidadosamente incluindo-se na primeira pessoa do plural, ao envolver o/a leitor(a) em um tom não acusatório, como poderia ser caso optasse pela segunda ou terceira pessoa.

É a pápula sangrenta, a flor dos hippies,
antes tão alva? A mão pega do lápis,
anotando massacres. Sharon Tate,

My Lai, nosso "Esquadrão"... Matar é um ato
de prazer, com uma extensão do sexo,
um novo haxixe, um fascinante tóxico?
Matar em grosso; nunca um só, apenas.
Ao cinco, aos mil: esporte de bacanos.
Então, por que temer, pergunto, a gripe
A-2 Hong-Kong, no seu 'doido galope'?
O vírus isolar, em honra à vida,
para depois fazê-la espedaçada?
O mundo é dos carrascos? Deus é fábula
esmaecida no pó de um incunábulo?
Ou vamos aprender a ser humanos
ao menos aprendizes pequeninos?
(ANDRADE, 1969m).

A relação entre direitos humanos e literatura pode ser investigada sob diversos prismas, entre os quais Godoy (2007) distingue sete campos: direito na literatura, direito como literatura, literatura como instrumento de mudança do direito, direito e ficção, hermenêutica, direito da literatura e direito e narrativa. Em uma dessas vertentes, a literatura pode ser compreendida sob a ótica da literatura como direito humano, considerado dentro do direito à cultura, à fábula, à imaginação. Em outra vertente, pode-se entender a literatura como instrumento para denunciar uma realidade experimentada, possibilitar uma reflexão sobre algum direito humano, enfatizar as experiências de sujeitos sociais, despertando empatia – sempre trazendo uma pluralidade de olhares para o(a) leitor(a). A partir desse segundo prisma, traduz-se a literatura como meio e fator para a reforma do direito, ao influenciar movimentos a mudança de legislações. Ou seja, pela literatura seria possível criar uma ambiência capaz de fomentar pressões sociais para a postulação de um direito, chegando até a estimular que este seja inserido no ordenamento jurídico.

Há trinta anos, Antonio Candido enxergava, em uma perspectiva otimista, os frutos colhidos pelo movimento por direitos humanos. Após a DUDH (1948) e os tribunais de Nuremberg, Candido (1989, s/p) reconhece nossa era como a primeira em que "teoricamente é possível entrever uma solução para as grandes desarmonias que geram a injustiça contra a qual lutam os homens de boa vontade". Com a criação de um novo patamar do que não é mais admissível, ainda que o mal seja praticado, mas não proclamado, significa que não é mais naturalizado. Seu argumento é que vivemos constrangidos pela injustiça social, em um mundo que almeja distribuição equânime de bens materiais e imateriais, pois a opinião pública já não é indiferente à exclusão. Isso ocorre já que, sob a égide dos direitos humanos, há um reconhecimento de que o que é indispensável para si também o é para o próximo. Para o escritor, não somente bens materiais são necessários à sobrevivência, mas igualmente o direito à crença, à opinião, ao lazer, à arte e à literatura, garantindo a "integridade espiritual", ou seja, necessidades profundas que "não podem deixar de ser satisfeitas sob pena de desorganização pessoal ou pelo menos de frustração mutiladora" (CANDIDO, 1989, s/p).

Ele conceitua a literatura de modo amplo, ao incluir criações de toque poético, ficcional ou dramático, que possibilitam o contato com alguma espécie de fabulação, constituindo fator indispensável de humanização. É possível então compreender o lugar ocupado pela literatura ao fornecer uma pluralidade de ideias, muitas vezes opostas, contraditórias, que permitem uma vivência dialética pelo receptor. Os múltiplos olhares podem envolver defesa e denúncia, declaração e refutação, literatura sancionada e literatura proscrita. Da multiplicidade e dos contraditórios extrai-se o caráter humanizador da literatura, que exerce seu papel como dispositivo para instrução e educação humanas, que enlaça seu ofício intelectual e afetivo.

A narrativa literária pode ser entendida ainda em sua dimensão epistemológica, ao constituir um modo de conhecer, em um movimento de apropriação e mesmo de instalação no real. Conforme Todorov (2009, p. 77), "a literatura é pensamento e conhecimento do mundo psíquico e social em que vivemos". A literatura preserva a riqueza e a diversidade do vivido, podendo ser lida por um público muito mais amplo do que o da filosofia, por exemplo. A forma do(a) escritor(a) não é impositiva, não formula um sistema de preceitos. Ao contrário, exige um(a) leitor(a) ativo, alterando o eixo essencial de quem lê. Sua analogia é que a leitura permite conhecer novas pessoas – as personagens –, e a inclusão de novos modos de ser em nós mesmos: "A literatura abre ao infinito a possibilidade de interação com os outros e, por isso, nos enriquece infinitamente. [...] Ela permite que cada um responda melhor à sua vocação de ser humano" (TODOROV, 2009, p. 23-24).

Candido (1989) distingue a literatura em três faces: (i) como construção de objetos autônomos como estrutura e significado; (ii) como forma de expressão de emoções e visão do mundo de indivíduos e grupos; (iii) como forma de conhecimento, inclusive incorporação difusa e inconsciente. Ao reunir as características elencadas, a literatura supera o caos ao passo que organiza sua narrativa e, dessa maneira, permite ao(à) leitor(a) que organize seu mundo interior e possa organizar sua própria narrativa sobre o exterior, formulando uma visão particular do mundo. A capacidade de organização é ainda produção de sentido, que permite a lapidação de sentimentos até então em talhe bruto.

O autor categoriza também três funções da literatura: a função total, a função social e a função ideológica (CANDIDO, 2000). A ideológica é caracterizada pela intencionalidade do(a) autor(a) na criação e no efeito da recepção da obra, baseada em suas crenças, principalmente explícitas em obras com tônica política, religiosa ou filosófica. Já a função social das obras trata dos efeitos nas relações sociais de determinado contexto, transformando a ordem social, enquanto satisfazem individualmente necessidades espirituais humanas. Nesse caso, a função social decorre da natureza da obra, sem intencionalidade do(a) autor(a) de produzir efeito doutrinador. As características elencadas sobre a literatura – capacidade humanizadora, por exemplo – estão presentes em toda a produção literária, não apenas naquela reconhecida como social.

Considerada a pluralidade inata da literatura, uma mesma escola traz em si o potencial da diversidade de ideias e sentimentos, exprimindo um espectro de olhares. É o caso do Romantismo, marcado ora por um viés conservador, ora por um caráter messiânico e humanitário, como o romance social e o próprio socialismo. Candido (2004) retrata como após meados do século XIX o pobre alcançou *status* de personagem e temática importante, visto com dignidade, e não de modo caricaturado ou pejorativo. São exemplos emblemáticos *Os Miseráveis*, de Victor Hugo, ou *Germinal*, de Émile Zola. No Romantismo, as obras passaram a tratar da temática social, metamorfoseando-se em Naturalismo, já centrado em personagens que ocupavam lugar periférico e discriminado naquelas sociedades: o operário, o camponês, o pequeno artesão, o desvalido, a prostituta. Para além da concepção idealista romântica, o Realismo foi marcado por uma crítica que se confunde a uma investigação da realidade social.

Já no Brasil, embora a literatura social tenha se mostrado em algumas obras naturalistas, foi a partir de 1930 que a mulher e, principalmente, o homem do povo alcançaram o papel de protagonistas, sendo amplamente retratados em romances como os de Jorge Amado, Graciliano Ramos e Rachel de Queiroz. O período foi marcado por uma transformação da descrição ou denúncia para atingir um desmascaramento social. Criou-se assim uma tradição de autoras e autores que contribuíram para expor e denunciar a miséria e a desigualdade, em um diálogo com a luta pelos direitos humanos. Podemos inserir nesse contexto os poemas de Carlos Drummond de Andrade, em especial "Sentimento do Mundo" (1940) e "A Rosa do Povo" (1945), permeados pela observação pungente do escritor sobre os acontecimentos históricos no Brasil e no mundo, como o Estado Novo e a Segunda Guerra Mundial.

Candido (2004) alerta, porém, para o perigo de que se considere que a literatura só alcança a verdadeira função quando explicita uma mensagem ética, política, religiosa ou social. Ocorre que a força humanizadora da literatura envolve primordialmente sua função estética ao criar, de modo ordenador, formas que tocam e humanizam. Em *Literatura e sociedade* (2000), Candido aponta a necessidade de evitar o ponto de vista paralelístico, que compara aspectos sociais face às ocorrências nas obras, sem alcançar uma análise de interpenetração. Ele propõe que a realidade social seja tomada como componente de determinada estrutura literária – não como causa ou significado, mas como elemento importante na sua interpretação. Outro aspecto relevante é a vinculação das obras marcadas pela função social ao seu contexto imediato, uma vez que estão coladas à visão de mundo de determinada sociedade, possuindo, portanto, uma autonomia e perenidade menor. Com esse olhar, seria possível situar a crônica, por definição, como gênero literário vinculado ao contexto, devido à sua forma, à temática e ao próprio dispositivo. Muitas vezes, entretanto, essa produção adquire (e adquiriu) um alcance e uma autonomia maiores, atingindo a função total da literatura.

Em síntese, a relação entre literatura e direitos humanos se dá sob dois eixos. Inicialmente, considera-se a literatura como uma necessidade universal humana, pois, ao ordenar sentimentos e visão de mundo, ela permite que nós nos organizemos, nos libertemos do caos e, logo, nos humanizemos. Sua negação corresponde a uma mutilação da humanidade. Em segundo lugar, credita-se à literatura a capacidade de se transformar em instrumento consciente de desmascaramento, uma vez que retrata, debate e desnaturaliza a restrição ou negação de direitos. Nos dois casos, a literatura se enlaça aos direitos humanos, seja como direito, seja como ferramenta para alcançá-los.

Na crônica "**O escritor e sua paixão**" (6 jun. 1970), o narrador de Drummond parece expor sua opinião sobre o tema, em que trata da mistura ideal para a crítica literária: inteligência e paixão. Ele defende uma "concepção estética, desinteressada e autônoma, da literatura, que mal se sustenta no mundo essencialmente conflituoso em que vivemos", para lamentar que críticos literários se convertam em críticos de ideias ou se tornem ativistas para uma causa social, renunciando "a uma parte virginal do ser". "O escritor terá ficado socialmente mais útil, mas sacrificando os nobres interesses da poesia e da imaginação, de que afinal nos nutrimos todos" (ANDRADE, 1970ac).

Uma vez que a literatura é incorporada por escritores/as e leitores/as, por um lado, como forma de entendimento do mundo, formação da personalidade autêntica e da ética humana; por outro, é também um diálogo com outrem e com a tradição, permitindo o compartilhamento de visões de mundo, atuando na apreensão dos direitos humanos por meio de seu papel formador. Ao considerar o desafio da efetivação plena dos direitos humanos nos Estados nacionais após a positivação internacional, a literatura assume um papel relevante – não determinante ou mesmo mensurável, mas capaz de mergulhar na concepção de cada ser humano sobre direitos.

Nessa relação imbricada com a educação, a literatura é definida não apenas como direito humano, mas como meio de promoção e garantia dos direitos humanos. Trata-se, no entanto, de uma educação voltada ao desenvolvimento da personalidade humana, e não uma formação técnica destinada a um ofício. Ela deve ser contínua e abrangente, com o objetivo de compreender a pluralidade e a diversidade de linguagens e costumes. De modo análogo, a literatura envolve, pois, a superação do mundo conhecido e familiarizado, permitindo o alcance da liberdade a partir do conhecimento do outro, habilidade imprescindível aos direitos humanos.

Para Candido, pois, não há ser humano e povo capaz de viver sem fabulação. É nessa necessidade que a literatura surge e alimenta, pois, ao trazer a imaginação à realidade, transforma a realidade de cada um e de todos, colocando novas possibilidades de se enxergar. O contato com mais e mais obras é capaz de trazer mais visões de mundo, ampliando os horizontes. Assim, a literatura alcança sua forma mais transformadora porque, ao expor o indivíduo e a sociedade em uma representação do real, intima a ambos a assumir a imagem representada ou a transformá-la, trazendo um questionamento inerente sobre a tradição estabelecida. Isso ocorre a despeito da autonomia de significado da obra literária, que não é descolada da inspiração na realidade.

Assim como os bebês passam a existir enquanto seres humanos, em termos históricos, culturais e sociais – antes mesmo de seu nascimento, devido à construção de um "cenário" pela sua família, o indivíduo não pode ser concebido fora de sua historicidade, cultura e sociedade, mesmo sendo um elemento novo em face desse contexto, explica Pulino (2016). Temos em cada ser humano alguém igual e original, que partilha e transforma a sociedade à sua volta, participando de um processo de humanização. Nesse sentido, Pulino defende uma proposta de educação, não apenas formal, *em* e *para* os direitos humanos, exercida dia a dia, pautada no respeito à diferença, em uma escuta sensível e polifônica, em abandono de uma visão etnocêntrica para buscar valor na multiplicidade.

Na formação para os direitos humanos – ou no diamante ético de Herrera Flores –, a leitura e a escrita estimulam a efetivação de direitos para leitores(as) e escritores(as) ao permitir a criação de espaços públicos amplos e livres, que abarcam a diversidade. É dado à literatura transportar a barreira existente entre Estado e sociedade ao permitir a autenticidade, o discurso, o diálogo com o outro e com a tradição.

Candido (2000) define o(a) autor(a), a obra e o público como três elementos constituintes de todo processo comunicativo, incluída a literatura. Dos elementos, é possível extrair o efeito da obra, tanto no momento da criação, como expressão autêntica do(a) autor(a), quanto no momento da recepção, já que o público é inestimável para que o(a) autor(a) se conheça e se revele durante e por meio da leitura de sua obra.

O(a) autor(a) transita entre a necessidade de exprimir sua autenticidade pela literatura e seu papel social, marcado pela expectativa do público. Em alguns casos, essa tensão pode resultar em inautenticidade ao texto, quando se tornam determinantes pressões institucionais, por exemplo, ou mesmo censura. Para que consiga modificar de alguma forma as estruturas sociais, é necessário que o(a) autor(a) possua liberdade para exprimir sua essência de forma autêntica, uma vez que há risco de que esteja cooptado(a) pelo sistema de valores dominantes para reafirmá-los e naturalizá-los. Mascaro (2011), porém, ressalta que muitos dos maiores escritores brasileiros foram ajustados às superestruturas administrativas, como Gonçalves Dias e Machado de Assis. Poderíamos somar a essa lista o nome de Drummond, servidor público por quase quarenta anos. Entretanto, conforme explica Mascaro com conceitos de Sartre, a vinculação de um(a) autor(a) à classe dominante não retira o caráter libertador de uma obra autêntica.

Já a obra integra um sistema vivo entre seus pares, marcado pela influência mútua de uma obra sobre outra e entre leitores, e requer, a todo momento, o diálogo vivo com o público que a decifra e a modifica. A obra não é fixa ou monolítica: ela atua sobre autor(a) e leitor(a), e se deixa transformar por eles.

Candido define que o público é configurado pela existência e natureza dos meios de comunicação, pela formação de uma opinião literária e diferenciação de setores mais restritos que tendem à liderança do gosto — as elites. O público de uma obra escrita, por ser perene, é sempre indeterminável, uma vez que, mesmo que inicialmente focalizado, pode alcançar novos leitores. Na confluência entre autor(a), obra e público, o contexto também se coloca como elemento essencial. Como experiência humana transformadora, a literatura desperta o interesse pelo contexto de sua criação e, de fato, as obras se articulam com o contexto histórico.

O acesso a uma pluralidade de obras de caráter erudito e popular para todas as classes sociais, segundo Candido, é imprescindível, pois considera o valor presente em todos os tipos de produção literária, garantindo que as pessoas pobres possam ter contato com o erudito, com a oportunidade de ter contato com um repertório tão amplo quanto o dos ricos, ampliando seus horizontes (CANDIDO, 2004, p. 188). O que o autor não aborda, mas indubitavelmente imprescindível, é que a arte popular consiga permear e ser valorizada também nos circuitos culturais de elite, assegurando uma fluidez em que o nível de renda e escolaridade não sejam barreiras, pela interdependência dos diversos direitos humanos.

As crônicas literárias publicadas em jornal podem ser tomadas como exemplo de disponibilização de um texto de um literato erudito, como Drummond, disponível em um veículo mais acessível e em um gênero relativamente fácil de ser compreendido ainda que em sua camada superficial. Assim, mesmo que não seja uma produção oriunda da cultura popular e que inevitavelmente encontre entraves no parco acesso à educação da população em geral, atingia uma tonalidade acessível, propiciando um diálogo que talvez os livros de poesia do mesmo escritor não permitissem, em uma ação transformadora da segregação baseada em classes. Ao tratar de temas libertários, reconhecimento de novos sujeitos de direitos e novas temáticas então colocadas no espaço público do jornal, consolida-se nesse raciocínio como literatura autêntica, emancipadora e promotora dos direitos humanos.

Com o enfoque na recepção, Todorov (1999) aborda a vinculação entre a criação literária ficcional e a realidade vivida, que também pode ser entendida pelo binômio literatura e jornalismo, ou ficcional e factual, colocado como questão menor para pesquisador. Ele argumenta que a relação de um cronista com o factual é menos relevante do que seu próprio discurso, pois, independentemente da ocorrência de um fato, afirmá-lo, ter a aceitação pelo público, é "pelo menos tão revelador quanto a simples ocorrência de um evento, a qual, finalmente, deve-se ao acaso" (TODOROV, 1999, p. 30). Para ele, "a recepção dos enunciados é mais reveladora para a história das ideologias do que sua produção" (TODOROV, 1999, p. 30). Importa, portanto, perceber a descoberta que o "eu" faz do "outro" enquanto sujeito, como si mesmo, seja individualmente, seja como grupo social do qual o "eu" não participa, seja como uma outra e longínqua sociedade.

Ele trata especificamente da relação de povos originários do continente americano durante a colonização espanhola, em que havia um completo estranhamento cultural, moral e histórico, ao ponto de não haver reconhecimento sobre pertencerem ambos à mesma espécie. Esse desconhecimento significou a recusa em identificar o outro – os indígenas – como sujeitos de direitos, seja colocando-os no lugar de "bons selvagens", seja como escravos em potencial, em uma ambiguidade que nos dois casos marca uma distância de separação do eu e do outro, pela via da desumanização. O processo dialógico da literatura pode ser entendido, dessa maneira, como mímesis da igualdade, pois prevê a abertura e o reconhecimento do outro como semelhante, com vistas a um compartilhamento de realidade imaginada, entre autor(a) e leitor(a), pelo texto.

* * *

A obra literária atinge *status* de clássica quando conserva uma atualidade em outras épocas, em caráter atemporal ou universal. Nem por isso, contudo, ela se desconecta da tradição, uma vez que resguarda valores de um povo e de uma época, e ainda porque a ocasião da leitura e interpretação é mediada por essa tradição, na qual obra e leitor(a) se inserem. O elemento temporal da literatura toca os direitos humanos ao relembrar acontecimentos que não devem ser esquecidos, porém como representação de conteúdo ético e humano, trazendo o envolvimento do/a leitor/a ao experimentar, pela leitura, violações à dignidade humana. Embora seja uma construção histórica, a literatura possui caráter perene, que supera a finitude humana e o próprio momento em que foi criada, passando a integrar ela própria uma tradição.

Considerado o autoritarismo no Brasil, Mascaro (2011) aponta uma importante contribuição que a literatura pode conceder ao interpretar e representar o contexto da ditadura civil-militar, a depender da abertura do(a) leitor(a). Para ela, compreender a tradição ditatorial brasileira, marcada pela violência, até o desenlace na consolidação do Estado democrático perpassa o ônus do esquecimento, imposto à sociedade como um todo, mas especialmente aos familiares dos mortos e desaparecidos, consolidado pela Lei da Anistia – Lei nº 6.683/1979 (BRASIL, 1979), que incluiu perpetradores de tortura e assassinatos, em busca de uma transição sem rupturas, sem julgamentos e sem culpados. Vivenciamos, então, uma ruptura silenciada e silenciadora de uma tradição, ocultando nosso passado e impedindo seu entendimento. Pelo entendimento da violência, entretanto, seria possível negar suas bases e criar formas dialógicas de ação política, partilhando o compromisso de impedir que a barbárie novamente ocorra.

Este capítulo analisou como os direitos humanos foram inventados a partir de uma perspectiva histórica, marcada pelas declarações de direitos das revoluções americana e francesa, que se tornaram referência para os povos que lutaram por sua independência nos anos que se seguiram. Pressupostos de igualdade, que ambas as declarações fundadas no jusnaturalismo portavam, foram responsáveis por descortinar uma tradição hierarquizada, ao passo que, contraditoriamente, fomentaram o surgimento de explicações biológicas para amparar antigos preconceitos.

Em seguida, pontuou-se que os direitos humanos são fruto de lutas que antecedem seu reconhecimento, baseados em consensos criados em determinada sociedade, período histórico e contexto. Mesmo após a proclamação e a positivação de um direito, contudo, são frequentes as lacunas entre norma e garantia de usufruto pleno por detentores de direitos. Os desafios de implementação contribuem também para uma coexistência contínua de demandas oriundas de grupos sociais, que constituem a luta perene pelos direitos humanos.

Diante de um modelo relacional entre os direitos humanos e as diversas esferas da vida, conforme proposto por Herrera Flores (2009), pode-se atuar criticamente por meio de processos educativos, culturais e midiáticos, que constroem e difundem narrativas carregadas de valores e consciência sobre os direitos humanos e cidadania, de modo plural e diverso. A partir dessas narrativas, é possível influenciar a formação da opinião pública. O despertar pela literatura foi a tese desenvolvida por Hunt (2009), que relaciona a produção literária epistolar à aprendizagem da empatia e autonomia na sociedade americana e europeia do fim do século XVIII, que culminou nas declarações de direitos.

Ao discutir a relação entre a literatura e os direitos humanos, distinguiu-se como, por uma via, a literatura atende a uma necessidade humana essencial de fabulação, que, ao ordenar-se, nos ajuda a nos ordenar. Por outra via, a literatura oferece uma multiplicidade de olhares e de contraditórios, que permite ao(à) leitor(a) ressignificar a si, ao outro e ao mundo, de modo libertário e humanizador.

A literatura é capaz ainda de transforma-se em discurso e ocupar ela própria o lugar de espaço público, revelando seu tempo, valores e visões de mundo de modo autêntico, propondo, portanto, um questionamento intrínseco da realidade, com abertura para a criação do(a) leitor(a) em igualdade com o(a) autor(a). Todo esse processo ocorre ainda com o diálogo constante entre obra, leitor(a) e tradição, o que coloca à literatura o compromisso ético de proteção do espaço público contra os riscos do totalitarismo e de violações dos direitos humanos.

2. A crônica que aviva a opinião pública e afirma direitos

O espírito do tempo está no cerne da crônica, que carrega a etimologia de origem grega – *chronos* – e, portanto, um vínculo intrínseco com a atualidade, a efemeridade e, quase contraditoriamente, com a memória. Este último aspecto é observado por Arrigucci Jr. (1987, p. 51), que define a crônica como "meio de representação temporal dos eventos passados, um registro da vida escoada" e traz a menção às raízes históricas da crônica, constituída como narração de fatos em ordem cronológica, precursora da História Moderna.

No século XIX, originária da Europa, a vinculação entre a crônica e a imprensa tornou-se completa, instituindo o gênero híbrido entre jornalismo e literatura, que contempla usualmente comentários sobre os fatos noticiados, embora permita escapes pela ficção, confissão ou poesia. Nos folhetins dos Oitocentos, as crônicas propagavam a vida moderna das cidades, refletindo o gênero burguês de maior expressão à época: o romance. Marlyse Meyer (1992) conta que em Paris os folhetins eram reservados ao *rez-de-chaussée* (rodapé ou pé de página, como se diria no jargão brasileiro) dos jornais impressos, o que marcou a vocação da crônica, ao permitir uma variedade que compreendia piadas, receitas, charadas, novidades ou narrativas ficcionais. Ao decorrer do século, os folhetins mostraram-se lucrativos e passaram a ocupar lugar de honra dos jornais, especializando-se como literários, teatrais etc., caminhando para o folhetim folhetinesco e para a literatura industrial, originando o hábito de publicar romances primeiramente em jornais, de forma seriada.

No Brasil, porém, a crônica desenvolveu-se de maneira autônoma, superando a origem europeia ao constituir uma produção expressiva pelo lirismo e pela presença contundente de grandes escritores brasileiros que assinaram suas páginas por décadas a fio. Ainda que incorpore a subjetividade do(a) narrador(a), a crônica guardou a relação profunda com o tempo vivido, conforme Margarida de Souza Neves (1992), ao citar a produção de Machado de Assis, centrada na cidade do Rio de Janeiro, que, na virada do século XIX para o século XX, aparece como síntese e microcosmo do Brasil. Nas crônicas machadianas, a propósito, encontra-se um marco para o gênero no Brasil, dedicado, a partir de então, "para as miudezas do cotidiano, onde acha a graça espontânea do povo, as fraturas expostas da vida social, a finura dos perfis psicológicos, o quadro de costumes, o ridículo de cada dia e até a poesia mais alta que ela chega a alcançar, como em tantas de Rubem Braga" (ARRIGUCCI JR., 1987, p. 59). Como sintetizou Humberto Werneck (2005, p. 7), "quase tudo, de fato, cabe nesse rótulo ecumênico, da pequena peça de ficção ao poema em prosa, passando pela reflexão acerca de miudezas do cotidiano". Segundo ele, trata-se de um gênero praticamente extinto nos demais países, mas que parece estar em proliferação no Brasil, podendo ser considerada tipicamente brasileira.

Em seu processo antropofágico, os autores modernistas, incluído Carlos Drummond de Andrade, deglutiram a crônica e incorporam a ela a fala coloquial brasileira, mais próxima ao(à) leitor(a), transformando suas colunas assinadas em um campo de experimentação de linguagem flexível e livre, sobretudo a partir da Revolução de 1930, com repercussão no grande público dos jornais. Nasceu nas terras brasileiras a crônica como fotografias da modernidade cotidiana, uma novidade para consumo imediato, assim como as notícias, que revelam *flashes* fugazes de um tempo. Alguns textos, entretanto, salvaram-se da efemeridade, alçadas a livros com coletâneas, ou apenas na lembrança de quem leu e comoveu-se pelo lirismo, acabamento linguístico, força poética, ironia, subjetividade, ficção, confissão – o que quer que seja capaz de tocar a alma de quem a lê, de um jeito que as notícias raramente o fazem.

Então, a uma só vez, ela parece penetrar agudamente na substância íntima de seu tempo e esquivar-se da corrosão dos anos, como se nela se pudesse sempre renovar, aos olhos de um leitor atual, um teor de verdade íntima, humana e histórica impresso na massa passageira dos fatos esfarelando-se na direção do passado. (ARRIGUCCI JR., 1987, p. 53)

Para Antonio Candido (1992), a crônica pode ser considerada mesmo como documento, uma vez que se trata de um estudo polifacético que expressa um tempo social vivido, a partir de narrativas do cotidiano, construções e não de dados. Em contrapartida, a valorização estética dos seus textos é mais um elo com o que é comumente reconhecido como literatura. Soma-se, ainda, a criação de personagens vivas, verossímeis – necessidade ainda premente na crônica, devido à ligação com o factual.

Do jornalismo, a crônica brasileira herdou a relação com a atualidade, efemeridade, coloquialidade e mesmo factualidade – além do próprio veículo, pois, ao ser publicada em jornais, inequivocamente incorporou o meio. Assim, ao recuperarmos a história do jornalismo no Brasil e mesmo no mundo, a fronteira que distingue a literatura do jornalismo era menos delineada na segunda metade do século XX, quando despontou uma geração de escritores já aclamados que passaram a integrar os jornais na condição de cronistas. É o caso não só de Drummond, mas de Clarice Lispector, Rubem Braga, Cecília Meireles, entre tantos outros. A partir da adequação crescente do jornalismo ao modelo da pirâmide invertida norte-americano, que propunha uma padronização do tratamento da notícia, as crônicas eram alforriadas para tratar dos chamados *faits divers*, recheadas de humor e poesia, sem compromisso com a narrativa do *hard news*, no jargão jornalístico.

O movimento do *New Journalism* eclodiu na década de 1960 nos Estados Unidos, mas, mesmo antes que sua influência chegasse ao Brasil, nas crônicas já se podia obter um retrato além do factual, o que Drummond sintetizou com o título de uma reunião de crônicas: *De notícias e não-notícias faz-se a crônica*, lançado pela primeira vez em 1974. A contemporaneidade estava expressa no Caderno B do *JB*, dedicado à cultura, entretenimento e artes, e de lá era possível extrair as transformações pelas quais a sociedade brasileira passava e ansiava. Na abertura, o próprio Drummond abrevia seu olhar sobre as crônicas: "Este livro contém histórias leves e desajuizadas opiniões sobre o desconcerto do mundo em que uns vivem e outros olham viver" (ANDRADE, 2013, s/p).

Para Antonio Candido, as crônicas brasileiras têm o traço comum de buscar o tom de conversa fiada, distanciando-se de um discurso argumentativo e expositivo. "É curioso como elas mantêm o ar despreocupado, de quem está falando de coisas sem maior consequência e, no entanto, não apenas entram fundo no significado dos atos e sentimentos do homem, mas podem levar longe a crítica social" (CANDIDO, 2003, s/p). Candido pontua que o uso da crônica como militância é bastante raro, e é justamente no linguajar leve e acessível que ela se ancora – e com a despretensão a crônica alcança sua função humanizadora, entre a profundidade de significado e forma, ao enfocar a beleza do que é singelo, ao romper com a superioridade intelectual baseada na grandiloquência e buscar a oralidade na escrita, alcançando uma simplicidade reveladora.

É possível que, ao travestir-se com o rótulo da frivolidade, esse gênero lateral distraia leitores(as) entregando um texto que é simultaneamente uma bala ["doce, alegre, dissolve-se rápido" (CARDOSO, 1992, p. 142)] e vitrine de grandes escritores, de quem se espera que ditem padrões e modas. Nesse movimento de referências constante e periodicamente publicadas, as crônicas ajudam a tecer um consenso no público leitor, baseadas no tempo vivido e narrado, suas visões de mundo, representações e ideias expressas, confluindo na formação de uma opinião pública.

É latente nas crônicas a relação com os fatos, característica do discurso jornalístico, e o vínculo geográfico com o lugar onde ocorrem – em geral, a cidade, compreendida como espaço urbano, ponto de confluência e convivência da diversidade de pessoas, saberes, origens, modos de viver e de pensar. Assim, as crônicas estão repletas do encontro entre a cidade, seus tipos e o(a) próprio(a) cronista, compreendendo elementos centrais na tradição brasileira.

A imagem da cidade retratada e construída nas crônicas, por um lado, pode ser lida pela via da ficção, encaixada no lugar do sonho. Impressa em papel jornal, vizinha às notícias do dia e referenciada a um fato de ontem, pode, por outro lado, ocupar nos(as) leitores(as) o lugar do discurso jornalístico, ao qual atribui-se o vínculo com a verdade. De um jeito ou de outro, as crônicas ajudam a constituir um novo mundo a partir do contado, integrando a organização da realidade proposta pelos jornais a partir de uma construção simbólica socialmente validada.

Conforme Maria Isabel Porto (2008), a crônica, como parte do discurso jornalístico, constitui-se uma mediadora da vida social urbana, trazendo os modos de viver e habitar a cidade e contribuindo no processo de atribuição de sentidos e de construção da realidade social. Sua peculiaridade está na linguagem, mas também no(a) narrador(a), que usualmente está explícito(a), confunde-se com o(a) autor(a), que se coloca como um(a) observador(a) dos acontecimentos, do tempo e da cidade. Do olhar sobre o cotidiano assinado pelo(a) cronista, são dadas ao público as possibilidades de constituir imagens e representações acerca da cidade e da própria identidade urbana. Isso se dá em diálogo com o discurso trazido pelas notícias, reportagens e editoriais do próprio jornal em que é impressa, às vezes em complementaridade, às vezes instituindo rupturas na visão hegemônica veiculada pela grande imprensa.

A possibilidade de rompimento com a hegemonia e proposição de novas construções simbólicas deriva exatamente do hibridismo do gênero, que transita entre o jornalismo e a literatura, e que pode travar e provocar um diálogo sobre os direitos humanos cotidianamente. Afinal, tradicionalmente, a dita "alta literatura" tende a ser restrita a um pequeno público letrado das elites socioculturais, o que nunca permitiu um diálogo efetivo com a sociedade como um todo, conforme Candido (2000). O público expande-se quando se trata de comunicação de massas, como é o caso do jornal impresso.

O direito achado no jornal

Ao compreender que o Direito se constrói nas ruas, dentro da concepção de Roberto Lyra Filho e José Geraldo Sousa Júnior, encontramos o Direito que se constrói nos jornais, entendido como meio de comunicação de massa e, portanto, plataforma para compartilhamento e difusão, o que resulta, em última instância, na própria construção de um espaço público etéreo, mas que se concretiza ao balizar as lutas sociais travadas na rua. As escolhas editoriais – desde os critérios de noticiabilidade adotados, os ângulos escolhidos para narrar um fato e ilustrá-lo com fotos, as manchetes e sua hierarquia – perpassam também uma ideologia de classe presente nos grandes veículos de comunicação de massa. Neles, em especial em artigos de opinião, editoriais e crônicas, manifestam-se contradições, debates e disputas entre o movimento de manutenção de *status quo* e, por outro lado, de movimentos de vanguarda, em um reflexo dos embates vivos e ideológicos presentes na rua. Essas disputas saltam dos jornais e alcançam o espaço público, pois moldam a opinião pública, em uma relação entremeada em que ideias e ideologias saem das ruas para os jornais e dos jornais para as ruas, amplificando movimentos e também apagando outros, devido à sua capacidade de difusão.

Sánchez Rubio (2018) reflete como a aceitação social que naturaliza a distância – ou o abismo – entre o discurso dos direitos humanos e prática de uma efetivação falha e excludente é também uma das razões que justificam a indolência e a passividade na hora de construir (ou destruir), dia a dia e em todos os lugares sociais, os direitos humanos. Para ele, os direitos só se efetivam por meio de processos de luta por abrir e consolidar espaços de liberdade e dignidade humanas, e essas lutas manifestam-se por meio de demandas e reivindicações populares, em movimentos sociais ou individualmente, inclusive na vida diária.

Em diálogo com a concepção de Herrera Flores, Sánchez Rubio enfoca os espaços relacionais de convivência, nos quais seres humanos tratam uns aos outros como sujeitos iguais e plurais, em luta para convocar e sensibilizar, a partir de dinâmicas de reconhecimento mútuos, solidários e horizontais, suplantando a busca por garantias jurídicas para alcançar direitos em lugares cotidianos. O pensador espanhol atribui, portanto, papel crucial às esferas relacionais e tramas sociais como elementos que proporcionam dinâmicas de emancipação e libertação, ao nos constituirmos todos como sujeitos, a partir de coletivos mais vulneráveis e vitimizados, permitindo transformação da violência estrutural. Assim, para ele, segundo o tipo de sensibilidade sociocultural, será maior ou menor o grau de aceitação e o modo em que os direitos humanos são assimilados, significados, ressignificados e entendidos.

Os veículos de comunicação de massa influem na sensibilidade sociocultural por meio de suas narrativas – pertencentes ao diamante ético de que trata Herrera Flores – e podem criar no dia-a-dia um espelho de relações verticais, baseadas no patriarcado branco, ou, por outro lado, podem retratar seres humanos colocados como sujeitos, inclusive os pertencentes a grupos sociais vulnerabilizados. É certo que tradicionalmente jornais expressam uma visão elitista e hegemônica, mas, nas crônicas de Drummond, era possível encontrar um extrato contra-hegemônico rodeado pelas notícias, integrando um conjunto de textos que representavam uma voz na esfera pública da sociedade brasileira do século XX, conforme discutido no Capítulo 3.

As ligações entre esfera pública, conhecimento e surgimento da imprensa são discutidas por Peter Burke na obra *Uma história social do conhecimento: de Gutenberg a Diderot*. Para ele, o advento dos tipos móveis não só difundiu conhecimentos relativamente privados ou mesmo secretos, mas proporcionou a interação entre diferentes conhecimentos, criando um padrão comum de referência textual em lugares distintos, estimulando inclusive o ceticismo, "ao permitir que a mesma pessoa comparasse e contrastasse explicações alternativas e incompatíveis do mesmo fenômeno ou evento" (BURKE, 2003, p. 17). Mas adiante, o autor destaca como os cafés desempenharam papel importante na vida intelectual europeia, em especial italiana, francesa e britânica a partir do século XVII:

> *Os donos dos cafés frequentemente exibiam jornais e revistas como modo de atrair clientes, encorajando assim a discussão das notícias e o surgimento do que muitas vezes é chamado de "opinião pública" ou "esfera pública". Essas instituições facilitavam encontros entre ideias e indivíduos. (BURKE, 2003, p. 45)*

O debate sobre o tema também é realizado por Habermas (2014) no livro *Mudança estrutural da esfera pública*, que remonta à gênese da esfera pública burguesa no desenvolvimento de um comércio em rede articulada que permitia um intercâmbio de mercadorias e também de informações, por meio da circulação de notícias. A partir do mercantilismo, com a formação do Estado moderno e das economias nacionais, é substituída a esfera pública representativa, centrada na autoridade do senhor feudal, pela esfera pública moderna, baseada no poder público, ou seja, estatal. Nesse movimento, a sociedade civil se desenvolve em contraponto à autoridade; economia tradicional se transforma em economia política, acompanhada pelo que Habermas chama de força explosiva: a imprensa. Aos poucos, os destinatários do poder público passaram a se tornar propriamente o público, de modo que os jornais passaram a ser instrumento de comunicação entre autoridade e público, ajudando a desenhar as primeiras noções de opinião pública. Interessante notar que os jornais se desenvolvem ao lado da circulação de mercadorias, ao passo que eles próprios e suas notícias se tornaram também mercadorias.

O processo de transformação foi acompanhado, nas cortes europeias, da passagem do foco na Coroa para a ebulição das cidades, com o desenvolvimento de centros de crítica inicialmente literária que evolui para política, em confluência de aristocratas e intelectualidade burguesa.

As reuniões acompanhadas por chás, chocolate e, após o século XVIII, café, se espalharam rapidamente por Londres, em discussões compostas pela literatura e disputas econômicas e políticas dominadas por homens, já que o acesso das mulheres não era permitido, abrangendo os estamentos médios, inclusive artesãos e marceneiros. As artes passam a ser entendidas como bens culturais, sobre os quais todos poderiam opinar e participar. Do mesmo modo, as relações entre autor, obra e público se modificaram: "tornam-se relações íntimas entre pessoas privadas que têm interesses psicológicos pela 'humanidade', pelo autoconhecimento, bem como pela empatia mútua" (HABERMAS, 2014, p. 174).

Habermas discute ainda a consolidação da opinião pública na Inglaterra ao longo do século XVIII até o início do século XIX, ligada ao surgimento de jornais como o *Times*. Na França, a falta de um jornalismo político constituído atrasou a consolidação de uma opinião pública, o que ocorreu repentinamente com a Revolução Francesa, criando uma esfera pública política, cujos ideais se difundiriam por toda a Europa, completados pela Declaração de Direitos do Homem e do Cidadão, que previa a livre comunicação de ideias e opiniões. Ao longo do século XIX, portanto, a esfera pública burguesa assumiria posição o central na ordem política.

O século XX viu surgirem outras formas de sociabilidade, nas quais os diálogos tornam-se eles próprio mercadorias, como mesas redondas, programas de auditório, debates entre especialistas. O mercado permitiu o acesso a bens culturais cada vez mais adaptados a camadas mais amplas. Ressalta Habermas (2014), entretanto, que o mundo criado pelos meios de comunicação de massa é esfera pública apenas na aparência e está a serviço da propaganda econômica e política, permitindo a amplificação de interesses privados privilegiados na esfera pública. No caso da imprensa especificamente, há uma mudança estrutural com o cultivo da opinião, valendo-se da esfera pública como esfera pública política, destinadas à opinião pública e não aos consumidores imediatos de um produto. Essa interferência da opinião pública utiliza técnicas de psicologia, redação publicitária e marketing para obter o convencimento e mesmo legitimação – pois, conforme explicam Menelick de Carvalho Netto e Guilherme Scotti (2011), o poder político do Estado Democrático de Direito, para ser legítimo, deve derivar do poder comunicativo gerado a partir da esfera pública política, constituída pela opinião pública e vontade política da sociedade civil, movimentos sociais, organizações e associações ordem, partidos políticos e meios de comunicação de massa.

Ao considerar as teorias da Comunicação Social, dentro da escola francesa que propõe um modelo teórico-cultural, o pensamento de Edgar Morin (1990) ajuda a compreender o papel dos meios de comunicação de massa na opinião pública e na sociedade de massa e de consumo na qual se inserem os fenômenos estudados. Morin trata, em *O espírito do tempo: neurose*, de como a *intelligentsia* foi atraída para a indústria cultural, por sua vez marcada pelo deslocamento entre obra e autor(a) e por uma dialética em que o(a) autor(a) protesta tanto mais contra a industrialização do espírito quanto integra essa industrialização. O pensador chama a atenção para como a indústria cultural traz uma homogeneização a partir dos costumes, mesmo com tantas estratificações de classe, por meio da veiculação de valores comuns pelos *mass media*, despontando em uma unidade que caracteriza a cultura de massa.

Com enfoque específico na produção jornalística, Morin destaca como o mundo imaginário, a partir de 1930, chegou a dominar temáticas no campo da informação, de modo que a dramatização passou a preponderar sobre a informação, ao iniciar um processo de "vedetização" do compreendido como comovente ou excêntrico, incitando ao "consumo" da vida privada de estranhos, transformados em vedetes de um espetáculo. Tem-se, então, duas correntes nos jornais – a vedetização romanceada da informação e o sensacionalismo – que apelam justamente como os demais produtos da indústria cultural (filmes, romances, musicais), permitindo a projeção-identificação do(a) leitor(a), de modo que a matéria imaginária privilegiada pela cultura de massa tenha aparência de vida vivida; enquanto a matéria informativa privilegiada tenha estruturas afetivas do imaginário (MORIN, 1990).

O fenômeno também é marcado pela onipresença da cultura de massa, que se transforma em uma ética do lazer, orientando-o e transformando-o em um estilo de vida por todos perseguido, e o próprio jornal, a TV e o cinema se tornam lugares de escape imperativo das angústias internas. A cultura de massa também cria o(a) espectador(a)/leitor(a) puro(a), um(a) *voyeur* (*voyeuse*) que não participa dos acontecimentos, mas a tudo assiste, em uma participação intermediada pelo(a) locutor(a), autor(a) – ou mesmo pelo(a) cronista. É nesse contexto que se inserem as crônicas estudadas neste livro, que integram a cena de uma indústria cultural em expansão no Brasil entre as décadas de 1960-1980, acompanhando o processo de urbanização experimentado pelo país.

A teoria desenvolvida pelo pensador francês encontra amparo na realidade brasileira pesquisada. Se, por um lado, a intelectualidade manifesta uma resistência à cultura de massas, por outro, atrai diversos intelectuais para as redações e estúdios, como empregados. Como bem revela a história da crônica do Brasil, foram às redações Machado de Assis, João do Rio, Carlos Drummond de Andrade, entre tantos outros e outras. Interessante perceber como essa relação está imbricada na crônica, pelo seu amparo no factual enlaçado à projeção tradicionalmente criada entre autor(a), narrador(a) (quase sempre colados no texto) e leitor(a).

Outra análise do pensador francês é sobre como o meio interfere na lógica da originalidade e criação dentro da indústria cultural, afirmando que a imprensa de massa é mais burocratizada do que o cinema, uma vez que a originalidade e a individualidade são pré-fabricadas pelo acontecimento, devido à periodicidade (diária ou semanal) e à relação com a própria fruição – os fortes hábitos dos(as) leitores(as). No caso da crônica – e devido à sua natureza também literária –, a produção tende a alcançar maior originalidade e criação, embora inevitavelmente mantenha a lógica da invenção perpétua dentro de um universo estereotipado. Se a tradição massiva privilegia a fórmula, apesar da periodicidade frequente de seu *deadline* (jargão jornalístico que denota o prazo de entrega do texto), a crônica se constrói também pela forma – e Drummond foi um mestre ao escrever poemas-notícias, crônicas em verso, criando um gênero que ele denominou "versiprosa".

A busca pelo grande público, pela inteligibilidade imediata e pela variedade homogeneizada, elementos característicos da indústria cultural, refletem em uma homogeneização dos costumes, balizada pelos valores difundidos veiculados, apesar de uma estratificação de públicos, realizada a partir da década de 1930, que separava os enfoques de leitores por classes, idades, nível de educação, gênero. Trata-se, portanto, de tendências contraditórias – heterogeneização de estratos leitores/espectadores *versus* homogeneização por meio da comunhão de valores de classe média. A indústria cultural cria, assim, uma nova universalidade baseada em um homem médio, chamado por Morin (1990) de *anthropos* universal, que também é uma criação suscetível aos anseios do mercado. Temos, pois, uma cultura de massas no universo capitalista que não é imposta, mas proposta, construída pela dialética entre produção-consumo que pode ser observada ao longo do tempo, estando sujeita inclusive à censura estatal.

Em que pese o olhar crítico, Morin (1990) aponta que a participação do presente no mundo talvez seja a maior contribuição da indústria de massas, pelo seu foco no instantâneo capturado pelo microfone e pela câmera, que a princípio seriam destinados à conservação – à construção de uma memória coletiva – mas que é subjugada pela atualidade. Aqui também podemos encontrar a contribuição da crônica para além da literatura, o que certamente não é menos importante: a capacidade de capturar o momento, narrar histórias e a História e mesmo influir nela.

Literatura, jornalismo e cultura na ditadura civil-militar brasileira

Se no começo do século XXI a internet, com o webjornalismo e a informação por redes sociais, alcança lugar preponderante na comunicação massiva, ao longo do século XX a mídia impressa teve papel crescente, encontrando rivais apenas com o advento do rádio e da televisão. Consideradas as décadas de 1960 a 1980, o jornal diário era uma instituição responsável por animar a vida intelectual e a opinião pública no Brasil, contribuindo para consolidar valores e, inclusive, patamares de direitos humanos.

Em um jornal de grande circulação, como foi o caso do *JB* na segunda metade do século XX, a presença de crônicas de autores humanistas como Carlos Drummond de Andrade carregava um discurso que destoava da cobertura jornalística típica do *mainstream*, permeando cenas do cotidiano com entrelinhas comprometidas com a emancipação da sociedade brasileira. Apesar de não poder ser considerada uma literatura engajada, e talvez exatamente por não ser entendida como tal, essas crônicas possuíssem um alcance mais amplo, pois lidas por leitores(as) sem o filtro simpático ou antipático de vieses políticos, mas que eram capazes de levar a reflexões sobre lugares sociais, ora pela costumaz ironia do autor, ora pela sensível capacidade de criar empatia com personagens oprimidos, inevitavelmente carregados do toque poético do autor.

É razoável crer que a literatura publicada no período ditatorial brasileiro ajudou a refundar valores e crenças que resultaram em um ideal comum: uma sociedade democrática, garantidora de direitos fundamentais para todos os brasileiros e brasileiras. Aqui investigo quais papéis exerceram as crônicas de Drummond publicadas ao longo do período mais duro da ditadura, após 1968, e sua gradativa abertura democrática, já nos anos 1980. Em diálogo com O Direito Achado na Rua, temos um humanismo que busca um novo lugar para pessoas, em especial as vulneráveis perante a sociedade, para se enxergarem como detentoras de direitos, não como merecedoras de favores e assistencialismos, mas como protagonistas de suas vidas e do próprio direito, diante da capacidade de assumir a autoria das normas, por meio do exercício de uma cidadania ativa.

A cidade do Rio de Janeiro, berço do *JB*, constituiu-se, desde o século XIX, como "República das letras" brasileira, como afirma a historiadora Mariza Guerra de Andrade (2013), com a expansão de *footing*, cafés e saraus literários. A nova sociedade urbana e industrial em formação atraía escritores e intelectuais para revistas e jornais que publicavam textos noticiosos, literários e ensaísticos, garantindo um ofício, renome e alguma renda - geralmente baixa - aos homens (e às poucas mulheres) que transitavam entre os campos da literatura e da imprensa, o que perdurou durante a maior parte do século XX. Afinal, não era possível manter-se apenas com a literatura, o que levava escritores a buscar empregos nos jornais, no magistério, na magistratura, em cargos públicos - como revela a expressão "escritor-funcionário", criada por Carlos Drummond de Andrade.

> *O jornal era a tribuna, por excelência, do pensamento intelectual brasileiro. Desde os anos 1930, os "escritores de imprensa" já constituíam suas redes por diversos jornais e algumas editoras, o que lhes dava algum prestígio e certo reconhecimento nacional. Era pelo jornal que o escritor se fazia conhecido, possibilitando ofertas de trabalho, visibilidade pública e política, além de notoriedade por meio de polêmicas que, por vezes, se arrastavam por longos períodos, permitindo-lhes públicos fiéis. (ANDRADE, M. G., 2013)*

Na década de 1950, a imprensa, estimulada pelo Manifesto Concretista de 1957 e pela reforma editorial do *JB*, iniciou uma transformação completa em seu perfil, passando a ser produzida por empresas comerciais, com uma diagramação mais limpa, enfoque na fotografia e a introdução de novas editorias e cadernos. A modernização significava expansão do mercado, permitindo mais oportunidades de trabalho para intelectuais e jornalistas.

Ao adentrar o cenário de 1964, com o golpe de Estado civil-militar, encontramos um contexto de expansão do mercado de bens culturais brasileiro, esboçado nas duas décadas anteriores e fomentados com a internacionalização do capital, crescimento do parque industrial, alterações no sistema de telecomunicações, aliados ao propósito de controle e coesão social idealizado pelo regime ditatorial. O resultado foi a sobreposição da lógica comercial sobre outros aspectos importantes da cultura. O período foi extremamente assinalado pelo controle e repressão da cultura brasileira por parte do Estado, sustentado por um discurso moral, que envolvia religião e política, e perseguia veículos mais progressistas, jornalistas e escritores. Frequentemente eram recolhidos arbitrariamente jornais, organizando um novo sistema de informação baseado no oligopólio composto pela Rede Globo de Televisão, a Editora Abril e os jornais *O Estado de S. Paulo*, *Folha de S. Paulo* e *O Globo*.

Nos primeiros anos após o golpe, ainda contando com apoio expressivo de setores da sociedade e da grande imprensa, a ditadura apoiava-se em uma fala pela defesa democrática e combate ao comunismo, sustentando a preocupação em manter aparência de normalidade institucional, com o argumento de que o regime respeitava a liberdade de imprensa e de manifestação. Assim, evitava romper abertamente com os valores liberais que fundamentaram o golpe. Portanto, inicialmente, a ditadura buscou atacar os elos entre cultura e movimentos populares camponeses e operários, permitindo a circulação de ideais de esquerda restrita às classes médias. Ao evitar uma repressão generalizada contra artistas, intelectuais e jornalistas, buscava-se respaldo civil na base que sustentava o regime (NAPOLITANO, 2018).

O golpe de 1964 foi resultado de uma ampla coalizão civil-militar, conservadora e antirreformista, em formação desde o começo dos anos 1950, ainda no governo Vargas (1951-1954). O contexto de Guerra Fria, que tornou a América Latina território sob holofotes de disputas das duas grandes potências após a Revolução Cubana, em 1959, fizeram com que os conflitos internos da sociedade brasileira ganhassem tons mais acentuados, acendendo um movimento anticomunista. Em diálogo com a Doutrina Truman,[1] o Brasil logo definiu sua fronteira ideológica, focado no inimigo interno – os comunistas –, consolidando a Doutrina de Segurança Nacional. A união de forças conservadoras, sob o discurso contra a ditadura comunista, acabou com a agenda de reformas sociais em curso no governo Jango, considerados pelas elites como pontos irreconciliáveis: voto dos analfabetos, reforma agrária, nacionalismo econômico e legalização do Partido Comunista Brasileiro.

1 Política externa implantada pelo governo Truman (1945-1953), dos Estados Unidos, para impedir a expansão do socialismo em nações capitalistas.

Durante o período que antecedeu ao golpe, a vida cultural se agitava no Brasil, embalada pelas expectativas de amplas reformas. O movimento, que vinha desde 1950, buscava construir uma brasilidade de inspiração popular e modernista - movimento integrado por Carlos Drummond de Andrade. A grande imprensa, liderada pelo *JB*, encampou a expectativa de muitos golpistas civis de que os militares iriam *apenas* depor o presidente eleito, sanear os quadros políticos e devolver o país à normalidade institucional - "conforme a perspectiva liberal-oligárquica" (NAPOLITANO, 2018, p. 18). Após a publicação, em 13 de setembro de 1963, de editorial cujo título era "Basta", diversos jornais passaram a integrar a chamada "Rede da Democracia", ocupando posições centrais na conspiração a partir do final de 1963.

> *A imprensa preparou o clima para que os golpistas de todos os tipos, tamanhos e matizes se sentissem mais amparados pela opinião pública ou, ao menos, pela 'opinião publicada'. Como em outras épocas da história do Brasil, a opinião publicada não era necessariamente a opinião pública majoritária. Os dados do Ibope mostram que, às vésperas de ser deposto, em março de 1964, João Goulart tinha boa aprovação na opinião pública das grandes cidades brasileiras. (NAPOLITANO, 2018, p. 53)*

Ao contextualizar o momento de tensões acirradas que precederam o golpe, Aarão Reis Filho aponta o papel essencial desempenhado pela mídia na transformação do cenário em favorecimento das forças conservadoras. As revoltas dos baixos escalões das Forças Armadas precipitaram uma preponderância da defesa pela hierarquia e disciplina, abalando, em consequência, a pressão pelas reformas e mobilizando tropas de contrarreforma, sob o mantra de salvar o Brasil do comunismo e da corrupção. As forças golpistas compreendiam grupos liberais conservadores composto por lideranças políticas e também pela "mídia impressa de maior influência, como *O Estado de S. Paulo*, *Jornal do Brasil* e *Correio da Manhã*" (REIS FILHO, 2014. p. 49), sendo os dois últimos veículos onde Drummond assinou coluna entre 1969-1984 e 1955-1969, respectivamente.

Ocorre que o golpe civil-militar logo se transformaria em um regime militar de longa duração, como requeria sua grande patrocinadora: a política de acumulação. O governo Castello Branco foi marcado pela publicação de três atos institucionais, pela Lei de Imprensa e pela Nova Constituição, de 1967. Apostou em uma economia ortodoxa, baseada na recessão, o que resultou em desilusão nas classes médias e conflitos no campo. Partiu, como resposta, para uma linha mais autoritária, centrada na figura do presidente, e voltada para a acumulação de capital e reforma conservadora do Estado pela normalização autoritária e amparo jurídico na tutela militar.

Além de poupar relativamente as classes médias inicialmente, o regime tinha sua modernização capitalista baseada na cultura de massas. Como o mercado fonográfico e televisual era entremeado por artistas de esquerda e consumido pela classe média escolarizada, formou-se uma contradição: por um lado, o regime desenvolveu políticas culturais ao longo de sua vigência, além de ter desenvolvido no âmbito das comunicações e nos bens simbólicos; por outro, combinava uma política cultural repressiva que impunha o silêncio em temas delicados. Com a perseguição a intelectuais implementada, consolidou-se o afastamento de lideranças de matriz liberal (inclusive liberal-conservadora) do regime militar, construindo um campo artístico e cultural de oposição que reuniu intelectuais de esquerda e liberais.

Em março de 1968, o movimento estudantil voltava às ruas, tendo apoio de parte da imprensa liberal. Com a morte do estudante Edson Luís, no Rio, as passeatas se intensificaram, comovendo parte da classe média. O acirramento dos confrontos, com morte, feridos e presos, fortaleceram lideranças que defendiam a luta armada, levando à imprensa um olhar mais crítico sobre elas, tida como contraface do radicalismo da extrema-direita, que justificava o endurecimento do governo. Essa percepção de uma possibilidade de convergência entre a crescente guerrilha de esquerda com movimentos de massa e contestação cultural explicam o surgimento do Ato Institucional n. 5 (AI-5), em 13 de dezembro de 1968, com perda de direitos políticos e mandatos de deputados, senadores e juízes. "A partir de então, estudantes, artistas e intelectuais que ainda ocupavam uma esfera pública para protestar contra o regime passaram a conhecer a perseguição antes reservada aos líderes populares, sindicais e quadros políticos da esquerda" (NAPOLITANO, 2018, p. 95).

Com o AI-5, houve um recrudescimento da violência e aparelhamento da repressão, incluindo a censura. Cristiano Paixão pontua, porém, que, mesmo antes de ser aprofundada, a censura nunca deixou de atuar, ainda que de modo menos perceptível, levando jornais à falência com perda de investimentos, pressões financeiras e boicotes; intimidação política, com atentados terroristas de extrema direita; e estímulo à autocensura de artistas, escritores e jornalistas. Já institucionalizada, a censura à imprensa foi exercida de modo rotineiro, burocratizada e com consentimento dos veículos (PAIXÃO; CARVALHO, 2016).

A contradição da institucionalização de um regime autoritário com o discurso da defesa da democracia sustentou o golpe de Estado e minorou a censura em um primeiro momento, chegando ao extremo ao ser utilizada para embasar o próprio AI-5, que evocava a democracia, a liberdade e a dignidade da pessoa humana, criando um emaranhado entre legalidade e autoritarismo. Na análise de Paixão (2014), os atos institucionais demonstram a existência de um projeto sustentado por um discurso legitimador baseado em categorias do constitucionalismo democrático, inclusive o conceito de poder constituinte, que nega os paradoxos entre defesa da dignidade da pessoa humana e da liberdade e supressão de direitos e proliferação da tortura; edição de atos de exceção em nome do povo e em defesa da democracia, entre tantas outras. Apenas no fim da década de 1970, colocou-se uma nova ambiguidade no discurso ditatorial: o rompimento ou a institucionalização duradoura da ditadura. Nos anos 1980, porém, os ventos sopravam no Brasil rumo a uma nova Constituição, dessa vez democrática, após tornarem-se escassos os apoios ao regime.

Entre 1969 e 1978, o Brasil experimentou um duro e ostensivo momento repressivo, com objetivo de reprimir o movimento da cultura como mobilizadora do radicalismo da classe média. Em contraponto à ferocidade do Estado, a guerrilha de esquerda aprimorou suas ações com os ousados sequestros de diplomatas a serem trocados por presos políticos. Já no fim do regime autoritário, de 1979 a 1985, o controle arrefeceu.

Ao traçar um panorama da democracia e do autoritarismo no Brasil, Paixão (2011) afirma que desde o início do século predominaram práticas autoritárias, tendo sido mais institucionalizadas a partir do Estado Novo.

Ele ressalta que, dentro do contexto de ascensão de regimes autoritários na Europa na década de 1930, a democracia não era uma aspiração de muitos movimentos da época, mesmo os de oposição a Vargas. Apenas após o fim da Segunda Guerra Mundial, a democracia e a noção de direitos humanos seriam projetados a uma aspiração quase universal. No pêndulo da História, a partir de 1964 o Brasil repetiria uma série de práticas já testadas, como a tortura para obtenção de informação, a criação de uma burocracia para realizar a censura dos meios de comunicação, inchaço e centralização do Poder Executivo, além de forte propaganda nacionalista, com manifestações culturais de massa. Em contrapartida, o período de ditadura civil-militar viu surgir movimentos pela anistia, por eleições diretas e por uma constituinte que aspirava à democracia, logo no fim da década de 1960. Nos anos 1970, a busca por liberdade e democracia desencadeou greves em diversas cidades grandes, em especial na região industrial do ABC paulista, ganhando força na segunda metade da década, centralizadas nos movimentos sindicais, alcançando também intelectuais e a academia, que conclamaram à convocação de uma Assembleia Constituinte.

As novas pressões populares tiravam os alicerces do regime, que era obrigada a responder de alguma forma, propondo, então, uma abertura controlada pelo alto escalão autoritário, germinando as sementes de uma futura Constituição. Na década de 1980, entretanto, a sociedade civil iria negar o movimento civil-militar extremamente lento, intensificando as pressões por participação social. Antes, porém, o movimento pela anistia contentou-se com uma lei nacional que logo foi usada como obstáculo para promover justiça de transição e a devida responsabilização dos que violaram direitos humanos em nome do Estado, por meio de tortura, assassinatos e desaparecimentos.

O recrudescimento do regime e o início da disseminação de relatos aterradores de torturas e desaparecimentos passaram a perturbar liberais e também religiosos, ainda que conservadores. Simultaneamente, a Igreja Católica passava a aproximar-se das noções de direitos humanos e justiça social, o que inevitavelmente a colocava em lugar diametralmente oposto ao regime. "Não por acaso, em fevereiro de 1973, a voz institucional da Igreja, a Conferência Nacional dos Bispos do Brasil (CNBB), em sua XIII Assembleia Geral, rememorou os 25 anos da Declaração Universal dos Direitos Humanos" (NAPOLITANO, 2018, p. 244-245). No mesmo ano, a missa por um estudante católico morto pelo regime (Alexandre Vanuchi Leme) reuniu 5 mil pessoas na Catedral da Sé, em São Paulo, sendo o primeiro ato público de massa contra o regime desde 1968. A virada pela via dos direitos humanos alcançou também a Ordem dos Advogados do Brasil em 1974, que realizou conferência com o tema "O advogado e os direitos do homem". Externamente, a política externa heterodoxa e nacionalista do presidente Geisel chocava-se com interesses estadunidenses. Logo, o presidente Carter passou a isolar o Brasil com o discurso de crítica às violações de direitos humanos. Assim, o tema subia à agenda de debate público, aliando Estados Unidos, Europa, exilados, militantes católicos e de esquerda para denunciar torturas e desaparecimentos.

No jornalismo, após o curso da repressão, a imprensa passou a se colocar como lugar de resistência e a representar-se como vítima do autoritarismo. Em contrapartida, Geisel decidiu mudar a estratégia ao acabar com a censura prévia à imprensa e passando a utilizá-la para sondar a opinião pública influente e levar recados do governo à sociedade. Outro desafio enfrentado pela imprensa na empreitada pela democratização era a reação de grupos de ultradireita que realizaram dezenas de atentados a bomba, tendo bancas de jornais que vendiam jornais alternativos de esquerda como alvo. O impacto foi uma crise de distribuição dos jornais alternativos.

Surgiram críticas de movimento estudantil e intelectuais, expressas por humoristas e cartunistas, que enfatizavam o caráter militar da ditadura, o que, depois, acabou permanecendo na memória coletiva, omitindo o papel de civis. Aarão Reis Filho reitera a capacidade do governo em mobilizar parcela de lideranças civis nos meios empresariais, políticos e religiosos, inclusive ocupando cargos no governo. Ele destaca a dimensão civil do regime ditatorial, ainda que chefiado por militares. "Mesmo entidades consagradas na memória social como de oposição ao regime, como a Ordem dos Advogados do Brasil (OAB) e a Conferência Nacional dos Bispos do Brasil (CNBB), o apoiaram no início ou/e conciliaram com ele por longos anos, como a Associação Brasileira de Imprensa (ABI)" (REIS FILHO, 2014. p. 62). Com as contradições do governo evidenciadas, porém, formaram-se grupos de oposição, capitaneados por intelectuais mantidos na memória nacional, inclusive com cronistas e humoristas.

Ao longo da ditadura, foi consolidada uma oposição entre os binômios autoritarismo e Estado, contrapostos à democracia e sociedade civil. Surgiu então uma frente ampla composta por intelectuais, jornalistas, políticos liberais e de esquerda, empresários, movimento estudantil, organizações armadas, movimentos de bairros, artistas, e aos poucos foi ganhando a opinião pública e as ruas que pressionavam o regime por uma abertura mais rápida do que gostaria Geisel. O ato ecumênico pelo assassinato de Herzog, reconhecido jornalista, clarificou riscos e impactos sofridos pela grande imprensa com a repressão. A partir de 1978, a transição democrática se delineou como agenda política. Em paralelo ao debate por abertura e formação de uma Assembleia Constituinte, eclodiam os movimentos eclesiais de base, apoiados pela Igreja Católica, e organizações sindicais especialmente na região do ABC paulista. As greves operárias traziam um componente extra: a garantia de acessos a direitos sociais e distribuição de riquezas, superando direitos formais.

Em que pese o cenário de pressões sociais, exacerbado principalmente a partir de 1979, com a posse de João Figueiredo, Napolitano (2018) avalia que a hegemonia liberal-moderada estabelecida após 1981-1982 resultou na defesa dos interesses do capital financeiro e das grandes corporações, promovendo uma transição extremamente lenta e gradualista. Foi com o intuito de manter o modelo socioeconômico que os militares conseguiram impedir a apuração de violações de direitos humanos cometidas durante o período ditatorial.

Em 1983, multidões a ocupar as ruas pela volta das eleições diretas pressionavam o Congresso a aprovar a Emenda Dante de Oliveira, que acabou derrubada. Mesmo frustrado, o movimento Diretas Já resultou na candidatura e vitória de um candidato civil – Tancredo Neves – para eleições indiretas. O próprio Tancredo comprometera-se contra o "revanchismo", como era chamada a possível punição a violadores de direitos.

A Assembleia Nacional Constituinte (ANC) de 1987-1988 teve vários marcos importantes, como sua construção gradativa, a partir de blocos temáticos, permeados por uma inédita participação social. As emendas populares, audiências públicas e cobertura da imprensa permitiram uma construção verdadeiramente coletiva, marcada pela consciência política abafada pela ditadura. Assim, o processo constituinte rompia com a transição lenta e até então tutelada pelo regime ditatorial – aliás, com muitos sucessos, como a lei de autoanistia e a eleição indireta para o primeiro presidente após a ditadura. O novo processo alcançava as instituições dos diversos poderes e movimentos organizados da sociedade civil, que transformaram a Constituição de 1988 em um emblema de democracia, direitos fundamentais, cidadania e participação popular.

A instalação da Constituinte em 1º de fevereiro de 1987 foi marcada por uma euforia e expectativa pela nova ordem democrática, considerada, de modo geral, como legítima e válida como Assembleia. A metodologia liderada, entre outros, por Mário Covas significou um alinhamento mais progressista, o que causou bastante incômodo nas alas mais conservadoras, de viés neoliberal. Essa vertente foi apoiada, em grande parte, pela grande mídia, contrária à linha do nacional-estatismo brasileiro. As discussões, marcadas pelo forte debate público, envolvia iniciativas populares, grupos de pressão, representantes de agências estatais, servidores públicos, organizações identitárias e entidades. Após a votação na Comissão de Sistematização, porém, lideranças conservadoras no Congresso – autodenominado Centro Democrático – instituíram um revés, conseguindo reabrir as discussões e realizar alterações substantivas. O resultado foi a hipertrofia do Executivo; a tutela militar remanescente; prerrogativas e privilégios dos representantes eleitos; o corporativismo sindical.

Sousa Júnior (2016) destaca que a conquista do regime político democrático no Brasil trouxe a emergência de movimentos sociais que abrangeram novos sujeitos coletivos a construir direitos. A pluralidade alcançava outras esferas sociais, representativa da diversidade étnico-racial, cultural, geracional, de gênero e sexualidade brasileira. A legitimidade política passava a ser constituída partir de novas concepções de mundo e experiências sociais até então abafadas.

No âmbito cultural, Napolitano considera que o período exerceu importante papel histórico na "educação sentimental de certa geração militante pela democracia, seja na fetichização da resistência como ato simbólico de consciência, como catarse diante do 'círculo do medo' imposto pelo autoritarismo" (NAPOLITANO, 2018, p. 106). A cultura colocou-se, assim, como modo de se relacionar com o trauma coletivo, de efeitos que atravessam as décadas, intrincada aos relatos abafados da morte sob tortura, marginalizando o fazer política ou lutar contra as injustiças sociais. A cultura brasileira crítica e/ou de esquerda representou uma formação da juventude, fomentando valores democráticos e libertários. "Se não fez a revolução nem derrubou a ditadura com a força das canções, filmes e peças, alimentou a pequena utopia democrática que ganharia as ruas e daria o tom das lutas civis a partir de meados dos anos 1970" (NAPOLITANO, 2018, p. 204).

Um dos grandes responsáveis por essa formação, sem dúvida, foi a canção, por meio da Música Popular Brasileira (MPB), do samba e do rock, que circulavam mensagens sobre a liberdade, a justiça, contra a ditadura. Além dos músicos e compositores, os intelectuais, jornalistas e escritores também encarnaram, majoritariamente, o lugar da oposição ao regime, a despeito da heterogeneidade de correntes e pensamentos. A construção dessa identidade intelectual oposicionista ao regime constituiu um desafio para a legitimação simbólica dos generais no poder perante a sociedade. Em resposta, os militares passaram a mirar, desde o AI-5, o mundo acadêmico, os artistas e a imprensa, cerceando o espaço público por meio da repressão. Assim, textos literários, ensaios e manifestos deixaram os jornais e encontraram uma forma mais restrita para exercer a resistência: os artigos científicos. Ainda assim, mantiveram vivo o debate intelectual, intervindo na agenda política e ideológica da sociedade.

No campo da literatura, como conta Napolitano (2018), escritoras e escritores abordaram a liberdade e também a violência das relações sociais durante a experiência autoritária, incorporando referências midiáticas – em expansão no período – para desenvolver contos, poesia, livros-reportagem, autobiografia, novela, buscando a resistência cultural muitas vezes pela via da ficção e da memória.

A repressão deixou ainda como legado um robusto aparato repressivo, a militarização da segurança pública e uso de tortura e desaparecimento como herança:

> *A tradicional violência policial utilizada como forma do controle social dos mais pobres foi potencializada. O ciclo de repressão política nos anos 1960 ensejou um movimento circular já percebido*

> *por especialistas que solidificou a tradição de violência policial pré-golpe às novas práticas repressivas pós-AI-5. Para combater a guerrilha e suas organizações invisíveis e clandestinas, o sistema repressivo incorporou métodos policiais, dentro das teorias da guerra revolucionária. (NAPOLITANO, 2018, p. 143)*

As duas faces da indesejável herança colidiram frontalmente com a criação de uma cultura dos direitos humanos no Brasil. Por um lado, a atribuição de um valor negativo pela luta por direitos, pela discussão ampla e libertária na esfera pública; por outro lado, a cultura militarizada e violenta da segurança pública, que fomentava esquadrões da morte, extermínio e impunidade de agentes violadores, baseados em valores de extrema-direita.

É interessante ressaltar como coexistiram, nos veículos de comunicação de massa, discursos antagônicos. De um lado, artistas e intelectuais reiteradamente trataram das temáticas que envolviam e disseminavam noções de direitos humanos, por outro, a batalha encontrou a propagação por radialistas das grandes periferias de centros urbanos, especialmente entre 1970 e 1980, o discurso legitimador das práticas ilegais contra criminosos ou de quem pareça sê-lo, desde que sejam pobres. Essa visão é reverberada ainda hoje em programas televisivos policialescos, difundidos em todo o país. Segundo a análise de Napolitano, o isolamento da cultura de direitos nos setores de formação superior, ao lado de outros arranjos político-institucionais que marcaram a transição negociada com os militares, como a Lei de Anistia de 1979, que livrou torturadores e assassinos da justiça de transição, ajudaram a construir no Brasil uma cultura de impunidade. Dessa forma, fica explícito como, além das centenas de mortos, dos milhares de torturados e perseguidos, a ditadura civil-militar legou ao país uma herança ampla e nefasta para a consolidação de uma cultura de direitos humanos.

Segundo dados oficiais da Comissão Especial de Mortos e Desaparecidos Políticos, a ditadura civil-militar matou 353 pessoas, além de prender, torturar, perseguir, violentar, exilar e banir um número muito maior de cidadãs e cidadãos brasileiros, desumanizados por meio do discurso patriota, que buscava "proteger a democracia" e exterminar o "inimigo", o "subversivo" – militantes políticos contrários ao regime ou qualquer pessoa a quem, arbitrariamente, pudesse ser considerada "esquerdista". Conforme explica Silva Filho (2008), é a memória comprometida com o conhecimento do passado de dor que pode realizar o resgate da dignidade humana, recontando as histórias e redimindo a humanidade. "É imperativo que, apesar da incomunicabilidade do sofrimento e do horror, ele seja narrado", ressalta (SILVA FILHO, 2008, p. 164). Esse processo é profundamente obstruído, no Brasil, pela anistia brasileira, que, embora tenha surgido pela pressão de movimentos sociais que lutavam pela abertura política, foi chancelada pelo regime militar. A falta de uma justiça de transição impede ainda hoje o resgate da memória, ao contrário do que ocorreu em países do Cone Sul, como Chile e Argentina. Nesse ponto, Silva Filho recorre a Benjamin, que trata do poder do narrador ao carregar a multiplicidade de histórias que pode resgatar e renovar um passado.

Paixão e Frisso (2016) defendem que a relação entre memória, reconciliação e democracia é construída lentamente por meio do fortalecimento de uma esfera pública inclusiva, que discuta o período ditatorial, de modo a reconhecer processos de vitimização e afirmar a humanidade de todos. Os autores explicam que a memória se constrói com fragmentos pincelados para serem lembrados, e que poderão ser analisados, interpretados, comparados e compreendidos. O processo de silenciamento foi usado tanto no Holocausto quanto na ditadura civil-militar brasileira, que controlavam a linguagem e, assim, a memória social, que, por sua vez funda nossas convicções, sentimentos e identidades.

Para Napolitano (2018), a construção progressiva de um discurso crítico sobre o regime, motivada pela crise política e econômica, logo se transformou em memória hegemônica e fez convergir elementos do liberalismo com a crítica de esquerda. Entretanto, o pesquisador entende que a crítica fixou-se na repressão ocorrida após 1968, com o AI-5, e não em uma condenação do golpe de 1964 em si. O historiador destaca que a literatura é, historicamente, ocupada por intelectuais engajados em ensaios, crônicas, contos e romances. Durante a ditadura civil-militar, a literatura propôs uma reflexão sobre a violência das relações sociais e políticas potencializadas pela experiência autoritária, absorvendo linguagens vindas do jornalismo, publicidade, do cinema, nos livros. Assim, permitiu "uma gama de 'consciências literárias' sobre a experiência histórica" (NAPOLITANO, 2018, p. 223).

Aarão Reis Filho (2014) pontua como deslocamento de sentido a noção de que a sociedade brasileira manteve-se maciçamente oposta ao regime ditatorial, desconsiderando o movimento de massas que legitimou o golpe e o próprio regime. Esses silenciamentos da memória brasileira sobre o período poderiam configurar o silêncio como forma de memória.

Para Seligmann-Silva (2015), como em sociedades pós-ditatoriais, as políticas de reconciliação, acompanhadas de anistias equivalentes a um esquecimento oficial da violência, geram resistência ao testemunho. Contra as resistências, é essencial o testemunho acompanhado da historiografia, rompendo o lugar da arte, dos livros, dos consultórios, para alcançar também os tribunais. Reconhecer e elaborar o rompimento institucional, o uso generalizado da violência pelo Estado, é essencial no plano individual e também coletivo, ao permitir viver o luto. Silenciar o passado, alerta o autor, resulta em apatia e insensibilidade face à brutalidade e ao sofrimento.

> *A uma sociedade sem memória do mal, cabe ficar condenada ao círculo infernal e vicioso da repetição da violência. O não dito volta sob a forma da ação e essa ação continua sendo a mais brutal possível. Veja-se, por exemplo, o caso dos povos originários no Brasil. Na ditadura e hoje, o Estado luta não pela preservação, mas, sim, para o extermínio desses povos. (SELIGMANN-SILVA, 2015, p. 164)*

3. Direitos humanos nas entrelinhas drummondianas (1969-70/1983-84)

Este capítulo busca analisar como a temática de direitos humanos insere-se nas crônicas assinadas por Carlos Drummond de Andrade em sua coluna mantida no *Jornal do Brasil* (*JB*), com a delimitação de textos publicados entre 2 de outubro de 1969 e 2 de outubro de 1970 (o primeiro ano da coluna) e 29 de setembro de 1983 e 29 de setembro de 1984 (o último ano da coluna, antes da aposentadoria do escritor como cronista regular em periódicos). A análise identifica quais textos tratam de direitos humanos, ainda que de forma tangencial, marcando a ascensão de temas, direitos e sujeitos de direitos na esfera pública; a conversa com seu tempo; a integração com uma ambiência de abertura democrática; o trânsito do autor e seus narradores entre pontos de vista nos dois períodos.

A pesquisa abrange menções diretas aos direitos humanos e à própria Declaração Universal da ONU (1948) – e também referências incrustadas nas entrelinhas, deixadas no final do texto, às vezes no último parágrafo. Em tempos de censura como política de Estado, o diálogo estabelecido com seu público leitor do influente e liberal jornal naquele momento revela as sutilezas de Drummond para abordar os direitos humanos, que podem ser entendidas como estratégias narrativas que permitiam trazer a temática à mineira, com discrição.

Inicialmente, traço um breve histórico do *JB* e sua relevância na formação da cena política e social brasileira a partir segunda metade do século XX, considerada a pioneira reforma gráfica e editorial, além da relação do jornal com a ditadura civil-militar. Em seguida, abordo as características do Caderno B, suplemento que abrigava a coluna de Drummond, e como o jornal recebia seu colunista, a partir dos elementos editoriais do primeiro e do último dia dos textos publicados no veículo.

Com objetivo de orientar a análise, após a leitura e identificação das matérias mais recorrentes, as crônicas foram agrupadas em direitos tratados, a saber: direitos às liberdades; à cultura e ao patrimônio; à participação efetiva da mulher; direitos econômicos e sociais; à democracia e à participação política e social. Dessa forma, reunidos, é possível ter uma visão de como cada tema foi traduzido pelo autor ao longo do período.

A delimitação do *corpus* decorre da impossibilidade de analisar as 2.274 crônicas que foram publicadas entre 20 de outubro de 1969 e 29 de setembro de 1984, às terças-feiras, quintas-feiras e sábados. Assim, foram eleitos os textos relativos a dois marcos temporais distintos. O primeiro (1969-1970) compreende o primeiro ano de Drummond como cronista do *JB*, já poeta e cronista consagrado, escrevendo no auge da censura e do endurecimento da ditadura civil-militar no Governo Médici (1969-1974) e também por uma economia de pleno emprego, o chamado "milagre" econômico. Já o segundo período é marcado pelo último ano da coluna, logo antes de Drummond anunciar sua despedida como cronista regular, aos 82 anos de idade. O momento histórico apontava para uma longa transição democrática iniciada em 1979, com a gestão de Figueiredo (1979-1985), a ascensão do movimento Diretas-Já e a criação de uma Assembleia Constituinte.

Ao todo, foram analisadas as 299 crônicas publicadas no período. Destas, as que tratavam de direitos humanos segundo minha avaliação estão organizadas em tabela (Apêndice) a partir dos direitos elencados, constando o título da crônica, data de publicação e direito correlacionado. O documento permite visualizar de maneira rápida quantas e quais crônicas referem-se à temática. Já o *link* informado na apresentação disponibiliza o *download* das crônicas citadas na análise qualitativa, de modo a permitir ao(à) leitor(a) sua própria leitura dos textos aqui discutidos.

Antes de adentrar o texto, pontuo a opção por distinguir o autor empírico (o escritor) do narrador de suas crônicas. A separação é necessária apesar de, por diversas vezes, Drummond utilizar elementos que criam uma identidade entre autor e narrador, optando pelo uso da primeira pessoa, ao descrever elementos que colam o homem e sua imagem pública, ao retratar o ofício de cronista, o cotidiano da cidade sabidamente habitada por ele. De fato, o imbricamento entre autor e narrador é privilegiado pela crônica, devido à tradicional proximidade criada com o(a) leitor(a) e jogo de pessoalidade tão característico.

A distinção dialoga com a proposta de Walter Benjamin (1987, p. 197), para quem, "por mais familiar que seja seu nome, o narrador não está de fato presente entre nós, em sua atualidade viva. Ele é algo de distante, e que se distancia ainda mais". Em um contexto histórico que privilegia a informação em substituição à narrativa, a partir da consolidação da burguesia e da ascensão da imprensa como instrumento essencial ao capitalismo, uma possível fusão entre os dois mundos, porém, encontra-se na crônica, que por vezes transforma a informação (notícia) em narrativa, às vezes mesmo em poesia, como era o caso de Drummond; a conjugação de novidade e perenidade no tempo; permitindo a liberdade de interpretação para atingir uma amplitude além da informação. Adiante, o próprio Benjamin refere-se à crônica, explicitando a relação entre o(a) cronista e seu tempo:

> *Entre todas as formas épicas a crônica é aquela cuja inclusão na luz pura e incolor da história escrita é mais incontestável. E, no amplo espectro da crônica, todas as maneiras com que uma história pode ser narrada se estratificam como se fossem variações da mesma cor. O cronista é o narrador da história. (BENJAMIN, 1987, p. 209)*

A identidade entre narrador e cronista, para Benjamin, está no limiar entre mestres e sábios, uma vez que pretende dar conselhos para muitos, não a partir da própria experiência, mas da alheia, pelo que ouviu narrar ou pelo que viu, como o cronista-*flanêur*.

Breve trajetória do JB

O *Jornal do Brasil*, popularmente conhecido por *JB*, foi fundado em 1891 no Rio de Janeiro pelos jornalistas Rodolfo Dantas e Joaquim Nabuco. Dois anos depois, tendo Rui Barbosa como colunista, o *JB* abandonou seu perfil mais popular e voltado para o cotidiano da cidade para posicionar-se no debate político, colocando-se como republicano, porém contrário à ditadura de Floriano Peixoto, enquanto adquiria um tom oposicionista agressivo.

Na década de 1920, pelas mãos do conde Ernesto Pereira Carneiro, modernizou-se e transitou para uma linha mais ambígua. Com a morte do proprietário, em 1954, sua viúva, a condessa Maurina Dunshee de Abranches Pereira Carneiro, passou a dirigir o jornal, seguida pelo genro, Manuel Francisco do Nascimento Brito. Mais de um século depois de sua fundação, em 2010, o *JB* encerraria sua versão impressa, mantendo apenas a edição digital, pela internet,[1] com um breve retorno às bancas em 2018, logo encerrado.

Entre os anos 1950 e 1980, o *JB* viveu seus tempos áureos. Sua reforma gráfica e editorial foi um marco para o jornalismo, tendo influenciado veículos dentro e fora do Brasil a partir de sua proposta de perfume concretista, implementada pelo artista plástico Amilcar de Castro em 1959. O novo *JB* se tornou visualmente mais limpo, apostou em contrastes entre o preto e o branco, assimetrias, em especial com o uso da forma em "L", redução de elementos gráficos, sem fios entre colunas, e a opção pelo detrimento de anúncios e o privilégio da fotografia. O design vanguardista foi acompanhado por uma modernização editorial, com texto mais leve e a inovação para a imprensa brasileira que logo se tornaria um clichê: os suplementos. O primeiro a ser criado foi o Suplemento Dominical, seguido pelos Cadernos C (de classificados) e B (de cultura).

Seriedade, modernidade e eficiência foram os conceitos que guiaram a reforma do *JB*, que propunha um jornalismo mais objetivo e sem ruídos. O novo *design* traduzia os conceitos em uma linha racionalista moderna,

---

1 Ver notícias sobre o fato em: https://oglobo.globo.com/economia/o-adeus-ao-jornal-do-brasil-apos-119-anos-um-dos-diarios-mais-importantes-do-pais-deixa-de-2958344 (MELLO, 2010a) e http://coletiva.net/jornalismo-/apos-voltar-as-bancas-jornal-do-brasil-encerra-edicao-impressa-mais-uma-vez,295271.jhtml (COLETIVA.NET, 2019).

de inspiração suíça, que simplificava a leitura, mantendo-a em um sentido constante, legível. O projeto gráfico era composto por inúmeros esquemas de página para capa e miolo, permitindo variações diversas sem fugir à concepção do artista idealizador, entregando às bancas um produto sempre fresco, arejado, inovador. Com um extenso time de jornalistas, artistas e intelectuais ímpares, como Otto Lara Resende, Jânio de Freitas, Alberto Dines e Ziraldo, o *JB* tornou-se então referência na imprensa brasileira – menos pela tiragem, que oscilava entre os 100 mil e os 150 mil exemplares por dia, e mais pela repercussão de tudo o que era publicado (MELLO, 2010b).

Marieta Ferreira e Sérgio Montalvão (2001) explicam que a reforma do *JB* colocou o jornal em outro patamar na imprensa nacional, com estatura na formação da opinião política, embora tenha mantido os quatro atributos que nortearam sua atuação como órgão "católico, liberal-conservador, constitucional e defensor da iniciativa privada".

Nos conturbados períodos que antecederam ao golpe de Estado, em 1964, o *JB* assumiu posições oscilantes. Após a renúncia do presidente Jânio Quadros, em 1961, colocou-se pela defesa da legalidade, o que significava a posse do vice-presidente, João Goulart. A postura rendeu ao jornal censura imposta pelo governador Carlos Lacerda, adversário político de Goulart. "Em 29 de agosto de 1961, Lacerda chegou a censurar 90% das matérias do *Jornal do Brasil*, o que fez com que o jornal se negasse a circular e denunciasse tais procedimentos à Sociedade Interamericana de Imprensa" (FERREIRA; MONTALVÃO, 2001, s/p).

Os ventos mudaram a partir das revoltas organizadas por patentes mais baixas das Forças Armadas, quando o *JB* passou a apoiar uma intervenção militar como solução de emergência para a crise, ou seja, um golpe de Estado, contra a "subversão", a "comunização" do Brasil, "os propósitos de desordem e vontade de ferir a Constituição", conforme vemos no editorial publicado pelo jornal à época:

> *O estado de direito submergiu no Brasil. Estamos vivendo uma situação de fato, onde não existem figuras constitucionais, só restam como válidos aqueles que detêm o poder de agir para restabelecer o estado de direito. Ou permitirão que o país se estilhace*

> *numa guerra civil? [...] Sim; pregamos a resistência. O Jornal do Brasil e o País querem que sejam restabelecidos a legalidade e o Estado de Direito. (JORNAL DO BRASIL, 1964a)*

Napolitano (2018) descreve como o *JB* se destacou na relação estabelecida entre a grande imprensa e o golpe, reunidos no que nomearam "Rede da Democracia", uma articulação golpista essencial na conspiração fomentada a partir do fim de 1963. Para o historiador, coube ao então influente *JB* dar a senha para a formação de um bloco da imprensa contra o governo, a partir da edição de 13 de setembro de 1963, com o editorial "Basta", que anunciava a palavra de ordem para a derrubada de Jango, mesmo com aprovação do governo pela maioria da população brasileira. Os conservadores temiam que o processo de distribuição de renda e de poder levasse o Brasil ao caos, ameaçando instituições e valores, adquirindo um caráter de bandeira defensiva para salvar a democracia, a família, o direito, a lei, a própria Constituição.

Já no começo de 1964, a política rompeu com os limites institucionais, a partir da politização das ruas e quartéis, da ação de grupos de pressão (empresários e lideranças de diversos tipos) e de movimentos sociais. Assim, fortaleceu-se uma reunião de forças pela deposição de Goulart, composta, de acordo com a categorização de Aarão Reis Filho, por conservadores-arcaicos e liberais, que buscavam um golpe que logo reestabeleceria a normalidade democrática. Outra base de sustentação do golpe era formada por um grupo que defendia a permanência de militares no poder até o expurgo do comunismo e do varguismo, o uso de tortura, passando a ser conhecidos como linha dura. Outro movimento, ainda, defendia a permanência no poder, mas em uma linha liberal-internacionalista, buscando a modernização do país e o encolhimento do Estado.

Paixão e Carvalho (2016) exemplificam, por meio do *JB*, como a deposição do presidente João Goulart abrangeu aspectos não somente políticos, mas também morais, envolvendo religião, política e cultura. Os editoriais dos jornais nos dias imediatamente seguintes ao golpe possuem tom semelhante, com o exemplo do *JB*, que no dia 1º de abril afirmou em editorial só haver uma legalidade, aquela contra a desordem e a desunião implantadas por Goulart.

A expectativa do *JB*, portanto, parecia acompanhar o movimento hegemônico da grande imprensa liberal, que antecederam e legitimaram o golpe de Estado dado em 1964: uma atuação cirúrgica, que logo devolveria o poder político aos civis, conforme Napolitano (2018). Entretanto, o golpe civil-militar logo se consolidaria como regime, expresso com a publicação do primeiro Ato Institucional (AI-1). Diante dos rumos seguidos, o *JB* apressou-se ao manifestar-se contra as primeiras medidas do novo governo, afirmando, contra a intervenção no secretariado de Goiás, que "não nos agrada essa política farisaica de intervenções disfarçadas, cerceadoras de poderes e consumadas em impedimentos impostos" e que "a Revolução pelo seu lado militar não pode se colocar a serviço do facciosismo local, ávido de poder, em burla da vontade do eleitorado. A Revolução não pode nem deve ser facciosa e hipócrita" (JORNAL DO BRASIL, 1964b).

As oscilações do *JB* em relação à ditadura são registradas por Ferreira e Montalvão, que apontam apoio do veículo à indicação de Castello Branco para a presidência da República, o prolongamento do mandato presidencial até 1967 e a Constituição de 1967. Quando se deu o golpe dentro do golpe, entretanto, com a decretação do Ato Institucional nº 5 (AI-5), o *JB* publicou em sua primeira página de 14 de dezembro de 1968: "Tempo negro. Temperatura sufocante. O país está sendo varrido por fortes ventos. Mínima 5 graus no Palácio Laranjeiras. Máxima 37 graus em Brasília".

Já na década de 1980, no contexto de lenta transição democrática, o *JB* protagonizou investigação sobre o inquérito policial que culpava terroristas de esquerda pelo atentado ocorrido no centro de convenções Riocentro, tendo recebido o Prêmio Esso de Jornalismo pela cobertura de 1981. O ataque, na verdade, resultou da explosão acidental de uma bomba no carro onde estavam o capitão Wilson Luís Chaves Machado e o sargento Guilherme Pereira do Rosário, lotados no DOI-Codi do I Exército, que pretendiam explodir o pavilhão.[2]

2 De acordo com o Relatório da Comissão Nacional da Verdade, "O artefato explosivo, que seria instalado no pavilhão de eventos onde ocorria o show, possivelmente embaixo do palco principal, de acordo com testemunhos colhidos nos Inquéritos Policiais Militares (IPM), explodiu antes da hora planejada, ferindo gravemente o capitão Machado e matando instantaneamente o sargento Rosário, que transportava a bomba no colo" (BRASIL, CNV, 2014, p. 659).

Na eclosão do movimento Diretas-Já, o *JB* manteve a posição ambígua, condenando chamados por greve geral, enquanto opunha-se às medidas de exceção nas vésperas da votação da emenda constitucional Dante de Oliveira.

* * *

O primeiro suplemento dedicado à cultura e variedades, batizado de Caderno B, foi mais uma inovação lançada pelo *JB*. Ao Suplemento Dominical, principalmente, mas também ao Caderno B, foi dado maior arroubo visual, acentuando e experimentando soluções gráficas que mais tarde seriam adotadas no caderno principal, apoiando-se em imagens e espaços em branco para ressaltar os textos que, por sua vez, contavam com maior liberdade de estilo para repórteres e colaboradores – entre os quais esteve Drummond entre 1969 e 1984.

O novo suplemento cultural do *JB* foi também uma nova casa para a coluna de Drummond. Nos quinze anos do *Correio da Manhã*, sua coluna "Imagens" era publicada no caderno principal. A transição de editoria, acompanhada da transição de veículo, representou um ar mais fresco para os textos drummondianos, agora distantes das notícias "quentes" do primeiro caderno e do jornalismo tradicional, com mais liberdade literária e imagética, considerada a diagramação pioneira do Caderno B e o prestígio do *JB*, conforme atesta Beatriz Resende (2002, p. 77):

> *É indiscutível que o* Jornal do Brasil, *não saberia muito bem dizer por quê, sempre foi o grande espaço para a crônica. Talvez pela paginação cuidada, com um espaço generoso abrigando o texto, o cronista sempre conseguiu, ao escrever no* JB, *uma visibilidade que se perde, em grande parte, quando o cronista migra para outro jornal.*

De acordo com estudo de Phellipy Jácome e Itala Maduell Vieira (2018/2019), as transformações no processo industrial e a modernização dos parques gráficos a partir da década de 1950, fomentada pelo desenvolvimentismo de Juscelino Kubitschek, favoreceram a edição de cadernos independentes, impressos em máquinas rotativas e em horários encadeados. Assim, surgiram inúmeros suplementos, encartados em geral semanalmente por segmentos.

Os cadernos literários, em especial, passaram a constituir uma teia de sociabilidade entre intelectuais, que ajudaram a estruturar um campo intelectual, explicam os autores.

O próprio termo "caderno cultural" popularizou-se a partir do Caderno B, replicando-se em veículos como o *Correio da Manhã*, *Tribuna da Imprensa*, *Diário de Notícias* e, em seguida, por *O Estado de S. de Paulo*, *Folha da Tarde*, *Jornal do Commercio* e *O Globo*. Lançado em 1960 e extinto em 2010, o Caderno B se tornou um ícone de inovação editorial ao institucionalizar um espaço próprio e diário para notícias de cultura nos jornais, o que moldou práticas jornalísticas e mesmo hábitos sociais.

Desde a sua fundação, o *JB* alternou linhas editoriais ora mais voltadas para a cultura e o debate político, constituindo-se como um órgão formador de opinião, ora para a orientação comercial com anúncios e noticiário local. Uma grande e contraditória guinada ocorreu justamente após a reforma do jornal, que buscava uma modernização pela via de um jornalismo empresarial, rentável – por um lado, associado à impessoalidade e objetividade, por outro, valorizando um texto mais livre, próximo do jornalismo literário nos suplementos.

> *Contraditoriamente, a origem da reforma do* Jornal do Brasil, *que é tomada como um paradigma da transformação da imprensa nacional nos anos 1950, está na reafirmação de uma linha que iria ser preterida pelo jornalismo brasileiro nos anos seguintes. Se o suplemento, por um lado, devolveu o prestígio ao* Jornal do Brasil, *retomando a sua posição de formador de opinião, permitindo a reforma do jornal, por outro, caracterizou-se por um tipo de jornalismo que se tornaria difícil de sobreviver após a reforma. (MANNARINO, 2006, p. 48)*

Maduell Vieira conta que o Caderno B foi idealizado por Reynaldo Jardim e lançado em 15 de setembro de 1960 para ampliar a cobertura cultural do *JB*, tendo à frente expoentes do movimento concretista, como o próprio Amilcar de Castro, e também os poetas Reynaldo Jardim, Ferreira Gullar, Augusto e Haroldo de Campos e Mário Pedrosa. A autora aborda o lugar de destaque na sociedade brasileira que o caderno passou a ocupar:

> *Foi o Caderno B que primeiro registrou e antecipou movimentos culturais que floresciam no Brasil à época, tempo da revolução dos costumes, da bossa nova, do cinema novo, do teatro político, do tropicalismo, das artes plásticas, do humor, da literatura, da moda, das turbulências políticas, como destaca o Centro de Documentação e Pesquisa do Jornal do Brasil. Nas décadas seguintes, funcionou como antena da cultura e do comportamento especialmente do Rio de Janeiro, que deixara de ser capital federal, mas manteve o status de capital cultural. (MADUELL, 2015, p. 32)*

"Drummond aqui entre nós"

> *A partir de amanhã – e sempre às terças, quintas e sábados – Carlos Drummond de Andrade estará no Caderno B. O maior poeta brasileiro, que é também um de nossos maiores contistas e cronistas, abordará com seu sentimento poético, com sua enorme carga humana, fatos e gentes desta cidade, do país e do mundo.*
>
> "Drummond aqui entre nós" (JORNAL DO BRASIL, 1969).

Assim o *JB* apresentava ao público seu novo cronista, com *status* estrelado, em 1º de outubro de 1969. O título (ou a chamada, no jargão jornalístico), em caixa alta, referenciava à proximidade característica do gênero crônica, que traria o "maior poeta" para bem perto, para estar, como na expressão popular, "aqui entre nós". A apresentação destaca igualmente a abordagem esperada e encomendada do autor: seu sentimento poético e sua carga humana, em uma definição editorial explícita sobre a coluna que se inaugurava então: um respiro de humanidade na última página do Caderno B.

Em seguida, um texto situa Drummond como o novo colaborador do jornal – em versiprosa. O texto traz o histórico de sua carreira como cronista até então, iniciada no *Diário de Minas* em 1926; trata de episódios folclóricos, como a expulsão do Colégio Anchieta por "insubordinação mental" e o apelido do menino Carlos à época: "anarquista"; e prossegue com a descrição do exercício como editor ainda no *Diário de Minas*, seguida pela publicação de um trecho que ele escrevera nos tempos da escola jesuíta, que, segundo o *JB*, Carlos renegava, pois "os padres colaboravam muito na minha colaboração" – já demonstrando uma pista da ironia drummondiana.

> O Jornal do Brasil *é, agora, mais uma pedra no meio do caminho de Carlos Drummond de Andrade; o obstáculo, ele o superará com a classe que o tornou, em 51 anos de vida literária, o maior poeta do Brasil e um mestre da prosa fácil, clara, embora profunda. Sua temática será variada, livre. (JORNAL DO BRASIL, 1969)*

Quinze anos depois, em 29 de setembro de 1984, o *JB* destacaria a despedida de Drummond como colunista do jornal, com grande destaque. Ganhou chamada na primeira página, com uma caricatura do escritor se despedindo. Na capa do Caderno B, estava "**Ciao**", a derradeira crônica, enquanto a última página do caderno (e do jornal) trazia a manchete "Há 64 anos cronicando por aí", que republicava a chamada para a coluna de 1969, ao lado da primeira crônica. Em seguida, uma série de fotos de Drummond; um perfil baseado em entrevista, escrito por Vivian Wyler; duas cartas assinadas por Drummond e uma do diretor-presidente do *JB*, M. F. do Nascimento Brito.

Em seu texto de despedida ("**Ciao**", 29 set. 1984) o narrador de Drummond mais uma vez se constrói pela identidade com o autor, levando à colagem de um ao outro, descrevendo-se como "contumaz rabiscador de letras", ao recontar suas intenções direcionadas ao(à) leitor(a), mas também remetendo à ironia como recurso estilístico frequente:

> *Procurou extrair de cada coisa, não uma lição, mas um traço que comovesse ou distraísse o leitor, fazendo-o sorrir, se não do acontecimento, pelo menos do próprio cronista, que às vezes se torna cronista do seu umbigo, ironizando-se a si mesmo antes que os outros o façam. (ANDRADE, 1984ao)*

O texto descreve ainda as "cabriolas" – ou as estratégias narrativas do cronista –, "interessado em seguir não apenas o desdobrar das notícias como as diferentes maneiras de apresentá-las ao público" (ANDRADE, 1984ao), para descrever do que é feita a crônica e para que serve o cronista. Ele aborda a variedade temática – *faits divers* – que precipita a crônica, a necessária autenticidade e independência para uma atuação desinteressada:

> *O que lhe pedimos é uma espécie de loucura mansa, que desenvolva determinado ponto de vista não ortodoxo e não trivial e desperte em nós a inclinação para o jogo da fantasia, o absurdo e a vadiação de espírito. Claro que ele deve ser um cara confiável, ainda na divagação. Não se compreende, ou não compreendo, cronista faccioso, que sirva a interesse pessoal ou de grupo, porque a crônica é território livre da imaginação, empenhada em circular entre os acontecimentos do dia, sem procurar influir neles. Fazer mais do que isso seria pretensão descabida de sua parte. Ele sabe que seu prazo de atuação é limitado: minutos no café da manhã ou à espera do coletivo. (ANDRADE, 1984ao)*

A marca do tempo está colocada no trecho acima, e dessa relação se infere um juízo de valor, em um contraponto com a literatura que é feita para durar: "Em compensação alguns anônimos e inominados o desancaram, como a lhe dizerem: 'É para você não ficar metido a besta, julgando que seus comentários passarão à História'. Ele sabe que não passarão. E daí? Melhor aceitar as louvações e esquecer as descalçadeiras" (ANDRADE; 1984ao).

Em seguida, o autor-narrador relembra os dois jornais: "duas grandes casas do jornalismo brasileiro ele se orgulha de ter pertencido – o extinto *Correio da Manhã*, de valente memória, e o *Jornal do Brasil*, por seu conceito humanístico da função da Imprensa no mundo". O trecho aponta como o Drummond jornalista lia a atuação dos meios de comunicação de massa e a possibilidade de olhar humanista sobre essa atividade.

A entrevista que recheia a homenagem do *JB* a Drummond traz a reflexão do cronista sobre o fenômeno da recepção da literatura e os desvios frequentes entre a intenção do autor e a compreensão dos(as) leitores(as)-modelos. Em especial, ele afirma que "a sátira nem sempre é uma arma eficaz", lembrando as diversas ironias que nem sempre foram percebidas. Drummond fala também da matéria-prima das crônicas, acentuando sua percepção e indignação sobre processos experimentados pela sociedade brasileira:

De um modo geral falo em minhas crônicas do que me revolta. Coisas como a falta de justiça e liberdade. Os atentados contra a natureza, contra as características sociais brasileiras, contra a importação de fórmulas estrangeiras. Quem entende um sanduíche padronizado, igual ao americano, desviando a atenção de uma lojinha de sorvetes de frutas ou sanduíches deliciosos, mas que não seguem a moda? Amanhã, em vez de Brasil, vamos nos chamar Qualquer coisa. Um bom nome para quem não tem personalidade. (ANDRADE, 1984ao)

A partir de amanhã – e sempre às têrças, quintas e sábados – Carlos Drummond de Andrade estará no *Caderno B*. O maior poeta brasileiro, que é também um de nossos maiores contistas e cronistas, abordará com seu sentimento poético, com sua enorme carga humana, fatos e gentes desta cidade, do país e do mundo.

DRUMMOND AQUI ENTRE NÓS

J. B. 1.10.969

Figura 1 – Página de apresentação de Carlos Drummond de Andrade como cronista do Jornal do Brasil, *em 1º de outubro de 1969. A data é anotada com a letra do escritor. Fonte: Acervo Casa de Rui Barbosa, RJ.*

Nas cartas que complementam a página, intitulada "Conversa-fiada de cronista" (1984), Drummond agradece ao jornal sua acolhida. No texto ao lado, lê-se: "Muito mais do que valiosos, os textos do cronista se identificam com o espírito humanístico que esta empresa tem tentado manter aceso durante os 93 anos de comunicação diária com seu público", em que o diretor-presidente do *JB* faz uma contraproposta oferecendo coluna semanal para que o cronista continuasse escrevendo ao *Jornal do Brasil* – o que foi declinado por Drummond.

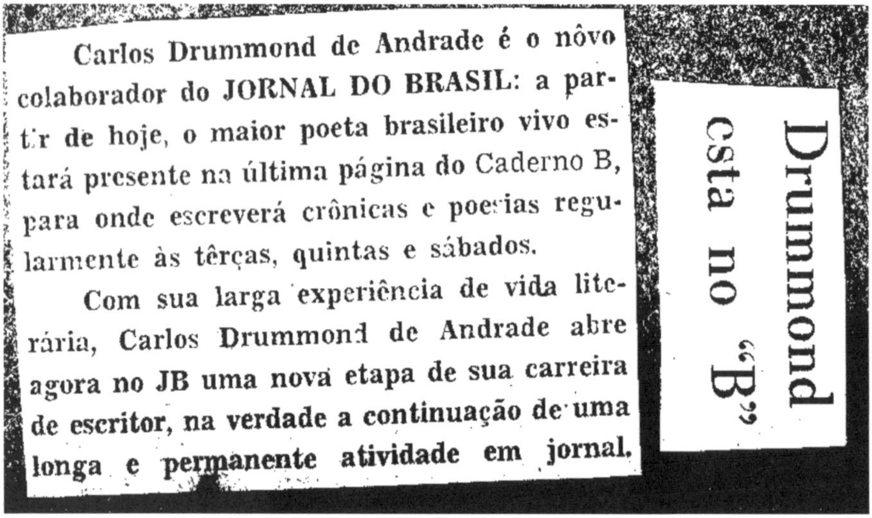

Carlos Drummond de Andrade é o nôvo colaborador do JORNAL DO BRASIL: a partir de hoje, o maior poeta brasileiro vivo estará presente na última página do Caderno B, para onde escreverá crônicas e poesias regularmente às têrças, quintas e sábados.

Com sua larga experiência de vida literária, Carlos Drummond de Andrade abre agora no JB uma nova etapa de sua carreira de escritor, na verdade a continuação de uma longa e permanente atividade em jornal.

Drummond está no "B"

Figura 2 – Chamada do Jornal do Brasil *sobre seu novo cronista, publicada em 1º de outubro de 1969. Fonte: Acervo Casa de Rui Barbosa, RJ.*

HÁ 64 ANOS CRONICANDO POR AÍ

JB 29-09-84

Drummond está no "B"

Carlos Drummond de Andrade é o nôvo colaborador do JORNAL DO BRASIL: a partir de hoje, o maior poeta brasileiro vivo estará presente na última página do Caderno B, para onde escreverá crônicas e poesias regularmente às têrças, quintas e sábados.

Com sua larga experiência de vida literária, Carlos Drummond de Andrade abre agora no JB uma nova etapa de sua carreira de escritor, na verdade a continuação de uma longa e permanente atividade em jornal.

CARLOS DRUMMOND DE ANDRADE

LEILÃO DO AR

Figuras 3 e 4 – Chamada do Jornal do Brasil *e cartas publicadas na despedida de Carlos Drummond de Andrade como cronista do* Jornal do Brasil, *publicadas em 29 de setembro de 1984. Fonte: Acervo Casa de Rui Barbosa, RJ.*

JORNAL DO BRASIL

Rio de Janeiro — Sábado, 29 de setembro de 1984

DRUMMOND

CIAO

caderno B

A primeira crônica de Drummond para o **Caderno B** — lá se vão 15 anos — intitulava-se **Leilão do Ar** e está sendo republicada na página 8. Junto com uma entrevista exclusiva do poeta, as lembranças, a lucidez, o humor, a ironia, já se misturando a um começo de saudade. Junto, também, com as três cartas, duas dele e uma do Diretor-Presidente do JORNAL DO BRASIL, M. F. do Nascimento Brito, selando o fim de um convívio profissional que ambos consideram enriquecedor.

Figura 5 – Trecho da capa da edição do Jornal do Brasil *de 29 de setembro de 1984, com a despedida de Carlos Drummond de Andrade. Fonte: Acervo Casa de Rui Barbosa, RJ.*

Encontros entre os direitos humanos e as crônicas drummondianas

Durante as décadas de 1960 a 1980, o jornal diário era uma instituição responsável por animar a vida intelectual e a opinião pública no Brasil, contribuindo para consolidar valores e mentalidades, inclusive patamares de direitos humanos. As crônicas de Drummond no *JB* no fim de 1969 e começo de 1970 integram um campo artístico cultural que vivia um momento paradoxal, pois era cercado por censura rigorosa às artes e repressão direta a artistas engajados, ao passo que constituía um momento criativo e prestigiado socialmente. Em um mercado cultural crescente, com a expansão da escala industrial de bens culturais, colocava-se como lugar de resistência em um cenário em que a cultura escrita finalmente atingia segmentos mais pobres da população, como operários qualificados e classe média baixa, por meio do consumo de jornais diários e da televisão. Em paralelo, crescia um mercado de entretenimento apolítico, sem críticas ao regime. É nesse contexto que as crônicas de Drummond no *JB* integram uma produção jornalística e literária que buscava manter uma vida cultural crítica, partilhar de uma comunidade de leitores, espectadores e ouvintes que possuíam consciência libertária, apesar dos efeitos de uma censura implacável e de longo prazo.

A Declaração Universal dos Direitos Humanos (1948), um marco para a temática pelo menos no mundo ocidental, é encontrada em citações de Drummond em crônicas publicadas nos dois períodos analisados. No dia 27 de novembro de 1969, em "**O XXXI direito humano**", o texto critica as falhas dos Correios na entrega de cartas – em especial as de amor. Em tom de brincadeira, o narrador cria um artigo destinado ao direito às cartas de amor: "Porque desrespeitou os Direitos Humanos, em cuja Declaração o Artigo XXXI, não escrito, mas vigente, estabelece: 'Todo homem ou mulher tem direito a escrever e receber cartas de amor, com prioridade sobre qualquer outra espécie de correspondência, inclusive a dos Estados'" (ANDRADE, 1969j).

Já em "**Jornal Pequeno**" (13 jan. 1970), os direitos humanos aparecem entre aforismos, ao tratar do caráter genérico da Declaração Universal, sua dificuldade de ser efetivada na vida das pessoas, como garantia de efetivação de direitos: "Direitos Humanos – A Declaração da ONU, que os formulou, é Universal e, por isto mesmo, demasiado genérica. Para efetiva garantia deles, precisa-se de Uma Declaração Municipal" (ANDRADE, 1970b). O aforismo aborda um tema de grande debate na teoria dos direitos humanos, no dilema entre universal e local. A temática seria retomada pelo autor mais de uma década depois, em aforismo de 17 de abril de 1984, "**Ainda o espírito da coisa**", já comentado no Capítulo 1, sobre a Declaração que é irretocável quando vista da Lua, desconsiderando o contexto, as lutas e demandas dos sujeitos de direitos.

Já em "**Breves e Leves**" (22 set. 1984), o narrador substitui a tradicional Frase do Dia, que finalizava suas crônicas na época, por um Artigo do Dia, citando o artigo 19 da Declaração Universal dos Direitos Humanos (mais uma vez chamada de "do Homem"), que trata do direito à liberdade de opinião e expressão. O artigo acompanha uma crônica típica drummondiana com suas "pipocas", em que ele explica termos em voga no momento de maneira usualmente irônica, principalmente sobre política e crise social.

A compreensão e problematização sobre o lugar de fala do escritor é outro aspecto que permeia as crônicas de Drummond, ao descrever ao seu narrador (a si?) como privilegiado diante da sociedade brasileira, profundamente desigual e discriminatória. Poderíamos relacionar ao conceito de posições, criado por Herrera Flores (2009), considerando o lugar que se ocupa nas relações sociais e que determina a forma de acessar bens. De fato, a condição do escritor mineiro como homem branco, oriundo de uma família patriarcal e com recursos financeiros que propiciou o acesso a boas escolas e à faculdade, em tempo de restrição extrema ao ensino de terceiro grau (início da década de 1920), relações estabelecidas com pessoas que ocupavam ou que ocupariam lugar social de destaque, como Gustavo Capanema (ministro da Educação entre 1934 a 1945 e com quem Drummond trabalhou por anos), bem encaixado no padrão heteronormativo, o escritor observava a maior parte da tragédia brasileira sem que pudesse senti-la recair diretamente sobre si – o que não foi desprezado em seus textos.

Na crônica "**O inseguro**" (23 dez. 1969), Drummond aborda os privilégios do eu poético do texto – que, na crônica, em geral se confunde com o autor, que se coloca na primeira pessoa e atribui a si características publicamente relacionadas ao escritor.

> *Ora, estou empretecendo demais as faltas do homem qualquer que presumo ser (não tão qualquer, afinal: tenho meus privilégios de pequeno burguês, e quem disse que abro mão deles?). Devo alegar atenuantes em minha defesa. Não nasci descompromissado com o mundo tal qual é, em seu aspecto rebarbativo. Deram-me genes tais e quais, prefixaram-me condições de raça e meio social, prepararam-me setorialmente para ocupar certa posição na*

> *prateleira da vida. Meus ímpetos de inconformismo são traições a esse ser anterior e modelado, em que me invisto. Donde concluo que preciso reformar-me, antes de reformar os outros. (ANDRADE, 1969o)*

Anos depois, ao tratar dos prazeres propícios para viver em um dia de chuva, em "**Elogio da chuva**" (31 jul. 1984), o narrador apresenta no último parágrafo mais um extrato de consciência sobre seu lugar privilegiado:

> *Mas tudo isto, agora me envergonha dizê-lo, são prazeres de classe média relativamente folgada, que se permite faltar ao serviço sem medo de desconto ou cara feia do chefe. Desfrutá-los não é para qualquer mortal. Até a chuva é discriminatória e parcial, injusta para muitos, privilegiada para uns poucos. Perdoem esta louvação medioclassista da chuva de quinta-feira passada. (ANDRADE, 1984ae)*

"**O frio, visto de dois lados**" (1 set. 1984) tem uma estrutura parecida com "**Elogio da chuva**", em que novamente aspectos meteorológicos originam uma crônica, para tratar da reação das pessoas ao tempo e novamente evoluir para uma preocupação social. Enquanto a crônica de julho a consciência foi construída para parecer surgida por acaso, enquanto era escrita, em setembro a crônica apresenta uma intencionalidade maior de se dirigir, inicialmente, ao seu público tradicional – o narrador escolhe o verbo "dever" para se referir a um dever profissional – e depois aborda o que parecia ser sua intenção, em uma consciência de classe. Aqui, a análise ganha maior espaço, quase meia coluna, em vez do parágrafo final, para construir cenas impactantes para o(a) leitor(a) e concluir com uma análise com enfoque mais analítico, embora não menos poético.

> *Mas sinto que até agora escrevi sobre e para as pessoas que sabem defender-se do frio, a poder de cobertor, bebida e comidas cálidas. Sim, estes são meus leitores, e devo tratá-los com especial benevolência e interesse profissional. Mas há também os que não me leem nem nunca lerão, pois se pilharem um jornal ao alcance das*

mãos, jamais passarão os olhos no que está escrito neles. Dirão, no máximo: "Eis aí a colcha que me faltava". (ANDRADE, 1984ak)

O narrador, então, contrasta a imagem do leitor que lê jornal e reclama do frio com um café quente em contraposição a um não leitor que, privado de acessos mais básicos, enxerga no jornal função outra e, para ele, única – a de aquecer-se. O texto segue buscando construções imagéticas impactantes, como lojas com lãs e caixas que dariam para "cobrir todos os pobres do mundo", o deitar estático no chão de cimento ou de pedra, sacolas com pertences mínimo, para retratar o silenciamento dessas pessoas, que não reclamam: "São silenciosos, de um silêncio resignado, privativo de quem, não esperando nada de seus semelhantes, nem fazem qualquer esforço para alcançar coisa alguma. É o estado de uma pobreza total, pública e assumida" (ANDRADE, 1984ak). O narrador trata das pessoas em situação de rua como "parte da cena urbana, irremediáveis e calados". É por meio do silenciamento e do assombro mostrado com a naturalização da convivência urbana com essas pessoas que a crônica constrói a queixa dos privilegiados face ao silêncio dos oprimidos, diante da "nossa incapacidade de regular a distribuição de bens e serviços, e a nossa capacidade de cultivar a injustiça e a desigualdade como elementos inarredáveis da vida em comum, nada comum afinal de contas" (ANDRADE, 1984ak).

A seguir, apresento uma leitura sobre como as crônicas de Drummond se vinculam a direitos humanos específicos que foram abordados de modo sistemático, relacionando-as ao contexto histórico brasileiro e como se ligam a um movimento de abertura democrática.

Direito às liberdades

O direito às liberdades, tão referido por Drummond em suas crônicas entre 1969 e 1970 (conforme veremos), possui diálogo inequívoco com seu contexto. Após o golpe de 1964, a publicação do AI-5 em dezembro de 1968 inaugurou um marco de recrudescimento da violência e da repressão, colocando fim à mobilização popular ascendente desde 1966 e estendendo a perseguição à sociedade como um todo, inclusive às classes médias, até então relativamente poupadas em nome da legitimação do regime.

> [O AI-5] *teve um efeito de suspensão do tempo histórico, como uma espécie de apocalipse político-cultural que atingiria em cheio as classes-médias, relativamente poupadas da repressão que se abatera no país com o golpe de 1964. A partir de então, estudantes, artistas e intelectuais que ainda ocupavam uma esfera pública para protestar contra o regime passaram a conhecer a perseguição antes reservada aos líderes populares, sindicais e quadros políticos da esquerda. (NAPOLITANO, 2018, p. 94-95)*

De fato, o AI-5 foi resultado da percepção de uma possibilidade de convergência entre a crescente guerrilha de esquerda com movimentos de massa e contestação cultural, segundo Napolitano, significando a perda de direitos políticos e mandatos de deputados, senadores e juízes.

A produção textual aqui analisada conecta-se com o cenário de uma repressão escancarada, baseada no pavor da prisão, da tortura e, a seguir, do desaparecimento, criando uma espiral de medo em quem vislumbrava lutar contra o regime. Estruturou-se, assim, um tripé repressivo: vigilância, censura e repressão, aperfeiçoado no fim da década de 1960, em especial após a posse de Médici, em outubro de 1969, baseado na Lei de Segurança Nacional, nas leis de censura, nos Atos Institucionais e Complementares e na Constituição de 1967. O regime consolidava então um autoritarismo institucional, que exercia a tutela do sistema político e da sociedade civil, pela combinação de normativos autoritários e repressão policial.

Nesse contexto, Drummond publicou sua crônica inaugural no *JB* sobre a venda de objetos da recém-falida Panair do Brasil, em 2 de outubro de 1969 ("**Leilão do Ar**"). Ao longo do ano que se seguiria, o escritor criaria estratégias narrativas para trazer ao debate público algum teor crítico ao regime, enfrentando a censura estatal, a censura interna do próprio jornal e a sua própria autocensura, amparada na necessidade de autoproteção.

Logo em seu segundo texto no *JB*, Drummond publica referências à opressão e ao autoritarismo em 4 de outubro de 1969, sob o título "**Tempo**

de canção (Qualquer)", que aborda o Festival Internacional da Canção, cujas etapas eliminatórias e final ocorreram em 25, 27 e 28 de setembro daquele ano, no ginásio do Maracanãzinho, no Rio de Janeiro.[3] A crônica em verso traz alusões presumidas à brutalidade generalizada do regime militar, por meio de termos como "estampidos", "estouros", "pipocos" e "ouvidos triturados". Em seguida, o narrador parece destacar as críticas ao esvaziamento da edição de 1969 do festival, ocorrida após a publicação do AI-5, o recrudescimento da ditadura, o exílio de diversos compositores e cantores e uma atuação mais organizada da censura governamental. O narrador de Drummond enxerga alento no "sabor de voto" do povo soberano, ainda que seja para eleger apenas uma canção, ao cantar um mundo possível, mesmo que a garganta silenciada não tenha a letra perfeita.

Vinte canções, depois mais vinte
pedem licença à lei do ruído,
fazem soar, entre estampidos
sua lição.
O Rio volta para a música
os seus ouvidos triturados.
O som é pobre, a letra, manca?
Não sejamos tão exigentes,
vamos ser francos:
O que se escuta, normalmente
pelas ruas sem pauta e solfa,
é o canto bárbaro de estouros
regougos pipocos roucos
melhor vertidos em quadrinhos:

---

3 Ler sobre notícia do evento em MEMÓRIA GLOBO, *Festival internacional da canção*. Disponível em: http://memoriaglobo.globo.com/programas/entretenimento/musicais-e-shows/festival-internacional-da-cancao/1969.htm.

Auch! Grunt! Grr! Tabuuum!
Plaft! Pow! Waham!
[...]
Se não há festa no momento,
há festival
e entre faixas, flâmulas flamengas
e outras que tais
o povo escolhe, soberaníssimo,
seus ritmos ao tempo e ao vento.
Um sabor de voto percorre
a mini-arena do Maraca
e a eleição em dupla fase,
está mostrando a fase clara:
o amor faz um gol de letra
pelas letras do mundo inteiro:
[...]
Que importa se a melhor canção
não foi escrita nem sonhada?
Se não palpita em folha branca
e muda garganta?
Eu canto meu possível, neste
possível mundo
e uma alegria
sem rataplã
leve, redonda, sobra num mágico
voo andorinho,

das noites-dias do Maracanãzinho.

(ANDRADE, 1969b).

No dia 7 de outubro de 1969, é publicada a crônica que ganhou notoriedade e foi editada em livro: "**O poder ultrajovem**", em que uma menininha de 4 anos disputa com o pai seu pedido no restaurante. Ao narrar a história, o texto traz pequenos extratos questionadores sobre a liberdade: "Então não podia querer? Queriam querer em nome dela?". E concluía com uma alusão que também pode ser compreendida à repressão do regime à atuação jovem, efervescente da década de 1960, e especialmente combatida a partir de 1968: "Se, na conjuntura, o poder jovem cambaleia, vem aí, com força total, o poder ultrajovem" (ANDRADE, 1969c).

O governo militar é diretamente tratado em "**Aurora de governo**" (16 out. 1969), que fala da expectativa diante da composição ministerial do novo governo nomeado – do general Médici –, que conclui com o que pode ser lido como apelo participativo: "Por favor, meu General, estamos esperançando. É hora de compor uma equipe de 90 milhões de ótimos elementos" (ANDRADE, 1969d). Já "**Nos seus lugares**" (6 jan. 1970) trata da determinação presidencial para que governadores não se candidatem nas eleições para o Senado Federal. A crítica aparece pela via da ironia, chamando de otimistas os que enxergam no Brasil uma República Federativa, em alusão direta à independência propalada entre os Poderes, em que não deveria haver interferência da presidência sobre os Estados federados.

A crítica escala para alcançar tom mais contundente em 26 de fevereiro de 1970, quando Drummond publica "**Aos poetas**", texto em que alerta amigos e colegas de ofício para não irem ao Rio de Janeiro. O motivo é a rotineira prisão, pela polícia da Guanabara, de pessoas consideradas "inconvenientes à estética urbana, portadores de piolhos e alérgicos ao trabalho". A crônica prossegue com o relato da detenção de um autor-mercador de poesia, que ainda tentou argumentar com o policial durante a prisão arbitrária, mas ouviu que "poeta é sinônimo de malandro". Assim, o narrador de Drummond expõe seu conselho aos amigos e sua própria prática de fechar-se em seu apartamento, como o temor de "ver o sol nascer quadrado".

"Daqui por diante, teremos que poetar debaixo do mais absoluto sigilo" (ANDRADE, 1970k), finaliza.

Em 5 de março de 1970, "**Assuntos de março**" exalta a mocidade que retoma às escolas, em um clima juvenil que se embrenha nos ares do mês, valendo-se até de uma pequena sutileza sobre a ditadura, em alusão direta ao AI-5. A breve menção denota a insatisfação do cronista com o ato que exacerbou a ditadura, contrapondo-o com a busca de uma sociedade mais pacifista – e espírito desarmado.

> *Março é uma saudável tentativa de bom humor, e se algum dia o AI-5 perder a vigência, quero crer que seja em março ou por influência sutil de março na vida nacional, com os espíritos desarmados e o Governo persuadido de que não tem mais perigo mais não. (ANDRADE, 1970m)*

"**O Dr. Afrânio**" (7 mar. 1970) é dedicada ao político, jurista e embaixador mineiro Afrânio de Melo Franco. A homenagem adquire tons saudosistas: "Mas que distanciamento, que léguas de solidão nos sugerem os centenários dos grandes nomes civis do passado republicano!", para mais adiante explicitar: "Estará caduca a ciência política, e só o constrangimento e o terror saberão ocupar-lhe a vaga?" (ANDRADE, 1970n). O tom de lamentação e a escolha por termos como "republicanos", "democráticos", "civis", "direitos e garantias", "paz" estabelece um contraste entre o momento em que a crônica foi escrita e um passado político mais livre e participativo.

"**Pela gravata**" (5 maio 1970) trata de uma carta que teria sido recebida por Drummond, mas que apresenta traços tão irônicos quanto os do cronista, de um estudante da Faculdade de Direito do Largo de São Francisco, da Universidade de São Paulo, que traz, por meio de uma obrigação de indumentária, uma discussão de fundo sobre a busca pela moral e os bons costumes, face a imagens pré-concebidas sobre a informalidade, a juventude *hippie*, ao que é afeminado – aqui colocado como algo pejorativo. Os preconceitos são desconstruídos pelo texto, apontando contradições e desnudando a tradição que se coloca em nome da luta pela decência, para terminar com uma frase irônica, na voz do estudante – sobre o qual o narrador não faz nenhum comentário: "Ou restabelecemos a gravata ou a civilização está perdida" (ANDRADE, 1970v).

A temática do direito à liberdade é consideravelmente menos presente nas crônicas analisadas entre 1983 e 1984. O momento histórico, afinal, é bastante distinto do vivido entre 1969-1970, marcado por uma longa transição democrática iniciada a partir de 1978 – com a Emenda Constitucional nº 11, que acabava com o AI-5 e com a censura prévia, retornava com o *habeas corpus*, extinguia a pena de morte e a prisão perpétua – e finalizada em 1988, com a promulgação da Constituição Federal.

Desde a segunda metade da década de 1970, as pressões sociais paulatinamente repolitizaram as ruas, forçando a distensão anunciada pelo governo Geisel. Com a ascensão da temática de direitos humanos à arena de debate público devido a denúncias contundentes de torturas e desaparecimentos forçados como política de Estado, foram diversos os atores sociais que passaram a integrar o movimento de abertura, incluindo a esquerda, liberais e grande imprensa. Negociada com os militares, com "garantia de retirada sem punição às violações aos direitos humanos e sem mudanças abruptas do modelo econômico fundamental" (NAPOLITANO, 2018, p. 235), gradualmente eram retomadas liberdades civis e o jogo eleitoral, configurando uma abertura tutelada por militares, em diálogo seletivo com a sociedade civil e diante de concepções distintas entre os atores sobre o que era democracia, que perpassavam noções de direitos formais face aos efetivos, que incluíam a justiça social.

A questão democrática reascenderia o debate público adormecido pela repressão, mas enfrentava uma transição extremamente lenta e gradualista. O intuito de manter um modelo socioeconômico garantiu aos militares uma negociação que impediu a apuração de violações de direitos humanos cometidas durante o período ditatorial.

Em 1983, ganhava corpo na sociedade o movimento Diretas-Já, com multidões ocupando as ruas de grandes e médias cidades, lotando comícios em campanha pela volta das eleições diretas, estimulada por uma crise econômica de grandes proporções. A abordagem sobre a liberdade na década de 1980 liga-se, portanto, menos ao direito formal, uma vez que a repressão escasseava. Por outro lado, passava-se a reconhecer novos sujeitos de direitos.

Foi o que Drummond fez em 15 de março de 1984, ao tratar do direito dos animais em "**O lamento do prisioneiro**", que fala sobre o choro de um filhote de pastor alemão enjaulado para se tornar feroz, antecipando um debate que adentraria o século XXI, sobre a atribuição de direitos a não-humanos.

> *Já não senti a mesma felicidade natural que a rua tão verde me oferecia. A casa circundada de vegetação não era mais uma casa simpática, de simpáticos moradores. Nela se executava uma operação cruel, pela recusa de movimentos livres a um ser vivo; a liberdade era negada sob um ponto de vista prático imediato: os bens do morador, suas alfaias e dólares precisavam de um animal terrível para defendê-los. O cão não teria direito à convivência pacífica, ao alegre jogo entre crianças e adultos. Não teria direito ao amor. Este era um sentimento reservado a homens e mulheres entre si, não se estendendo à cadeia universal dos seres que povoam o mundo. (ANDRADE, 1984g)*

A violação ao direito à liberdade de expressão ganhou contornos bastante claros no período ditatorial e a relação intrínseca com a censura vigente e aprofundada a partir de 1968, com o AI-5. O tema foi abordado de modo surpreendentemente explícito nas crônicas de Drummond quando considerado o momento histórico de acirramento da repressão. Em contraponto, já na década de 1980, a liberdade de expressão some da pauta, possivelmente face ao contexto de transição democrática e abrandamento da censura.

Em **"Carta ao censor"** (17 fev. 1970), o narrador de Drummond escolhe caixa alta e pronome formal (V. Sa.) ao se dirigir ao delegado regional da Polícia Federal, incumbido da função de censor literário, para um "papo informal" acerca de sua nova publicação – um livro de poesias infantis. O texto reúne uma série de expressões que poderiam ser lidas como condescendência e respeito – mas também com a ironia costumaz do cronista. Ele diz que avalia como "penosa" a situação do censor, a quem atribui como leitura de horas vagas as palavras-cruzadas, e que agora tem o dever de "vigiar" o que é publicado em nome da moral e dos bons costumes, para exclamar: "Ah, pobre senhor, como eu o lastimo!". O extremo compadecimento do narrador com as novas atribuições do delegado soa sarcástica, e ainda é acrescida de uma conjugação com pronome oblíquo átono "o", o que poderia permitir um entendimento de que a lástima seria não pelo ofício, mas pelo delegado em si.

Ele prossegue dizendo da dificuldade que seria delegar a tarefa a ajudantes, uma vez que dependeria do juízo alheio sobre a moral e os bons costumes, de modo que o narrador afirma imaginar a lápide do censor, morto pelo excesso de trabalho. Em seguida, avança de maneira mais enfática, questionando diretamente a censura e a baliza para atribuir valores aos costumes:

> *Não pense que só me aflige o volume de papel a ser censurado. Penaliza-me ainda mais a operação da censura, com seus alçapões e sutilezas de toda ordem. Em que atrapalhação o meteram, Sr. Delegado! A essa altura do século XX, poderá V. Sa distinguir, sem mover a pestana, o que são bons e maus costumes, o que é moral do que é imoral, à luz dos modernos conhecimentos de Sociologia, Psicologia, Medicina e Direito, e da prática diária? (ANDRADE, 1970h).*

Em seguida, inverte-se a posição do censor: de delegado investido nas obrigações policiais, passa a ser (satiricamente) considerado "crítico literário dos mais agudos, desviado momentaneamente para as tarefas policiais". O narrador diz temer pela segurança dos julgamentos e pela paz de consciência dele, diante do desafio de decidir se Dom Casmurro e mesmo a Bíblia poderiam ser impressos. O parágrafo termina de modo jovial, em contraste com os 67 anos do autor na ocasião: "Pode imprimir? Não pode mais? Tem 20 dias pra resolver essa parada".

No fim, o texto aponta uma muita pena do delegado e não dos escritores, para dizer, em uma linguagem muito próxima à oral, com períodos curtos e repetições, que tratam do impacto da censura para a cena cultural e literária brasileira:

> *Com a censura policial, muitos livros deixarão de ser publicados, e muitos mais ainda de ser escritos. Isso vai facilitar muito*

> *o transporte e o reembolso postal, importando em economia de papel, tinta, fita de máquina, etc. São benefícios. Mas o senhor, Dr. Delegado, não invejo a prebenda do senhor. Prometo não lhe dar muito trabalho. Daqui por diante, só escreverei cânticos e histórias para a edificação moral e cívica nos jardins de infância. Meus cumprimentos, doutor. (ANDRADE, 1970h)*

"**Cartas ao cronista**" (28 maio 1970) traz mais uma menção explícita à censura. Ao narrar algumas cartas recebidas pelo narrador-cronista, aponta um pedido curioso para que envie o livro editado pelo Ministério da Justiça com o repertório considerado atentado aos bons costumes. O narrador diz que o livro é tão fácil de se encontrar que nem precisou ser editado, basta olhar o dicionário de A a Z. A crônica aponta a arbitrariedade envolvida na função da censura e também os excessos, em que todas as palavras seriam proibidas.

As duas crônicas citadas dialogam com o cerceamento à liberdade de expressão do regime militar. Conforme Napolitano (2018), embora a censura não seja invenção de 1964, uma vez que era largamente utilizada no Brasil, especialmente (mas não exclusivamente) na Era Vargas, foi ampliada e institucionalizada – à legislação básica destinada à censura (Lei nº 20.493, de 1946), foi acrescentada a Lei nº 5.526, de 1968, e o Decreto nº 1.077, de 1970.

Entre 1964 e 1968, como a base social do governo incluía as classes médias, de onde provinham artistas e intelectuais, a repressão centrou seu foco mais em instituições e menos em artistas e intelectuais, o que permitiu a construção de um campo artístico-cultural de oposição, vinculado ao afastamento de lideranças liberais do regime militar, iniciada logo após o golpe. De 1969 a 1978, a classe média passou também a ser alvo do regime, que utilizava como meios a Lei de Censura, a censura prévia sobre materiais impressos (em janeiro de 1970) e a autocensura nas redações de jornais da grande imprensa. Entre 1979 e 1985, o movimento na prática foi arrefecido.

As trapalhadas da censura são retratadas por Napolitano (2018), como a descoberta de que uma das autoridades da ordem e dos bons costumes era falsário e assassino, ou a proibição do livro "O cubismo", supostamente propaganda de Cuba. Apesar disso, o autor atesta como a censura se mostrou eficaz ao integrar o tripé repressivo, limitando a criação artística e a circulação de opinião e da informação.

No caso específico da imprensa, ele cita a censura prévia rígida sobre órgãos da grande mídia como *O Estado de S. Paulo* e *Veja*, mas ressalta a preferência pela censura indireta, que resultava na autocensura. Sobre este ponto, Paixão e Carvalho (2016) corroboram a visão sobre uma atuação menos visível, com pressões financeiras, intimidação (inclusive por meio de atentados de grupos de extrema-direita) e ameaças que fomentavam também a autocensura nas redações. Ainda assim, o cerceamento da imprensa ocorreu de modo rotineiro e burocratizado, com certo consentimento dos veículos.

A ambiguidade marcava, portanto, a relação entre o regime militar e a grande imprensa comercial. O governo estava dividido entre escancarar a censura e manter os laços com quem o ajudou a se legitimar, buscava distanciar-se da imagem negativa do Estado Novo e também enxergava a imprensa como interlocutora do regime no diálogo com a opinião pública.

A censura também abrangeu revistas e livros, com censura prévia entre 1970 e 1979, sem, entretanto, conseguir ser verdadeiramente eficaz, de acordo com Napolitano (2018), pois foram notórias as publicações críticas ao regime. Ele conta que na literatura a censura foi mais atuante a partir de 1975, diante do crescimento do mercado editorial brasileiro e contra a tendência de "abertura" do regime militar, com a proibição de duzentas obras literárias.

De volta às crônicas, "**Em preto e branco**" (16 jun. 1970) é um texto revelador sobre a visão crítica de Drummond sobre o momento vivido pelo Brasil no auge da Copa do Mundo de futebol, em meio à construção de uma narrativa de integração nacional, a confiança no Brasil como grande potência, pleno emprego e expansão da escala industrial de bens culturais, inclusive do audiovisual. Para Aarão Reis Filho (2014), estava colocada a contradição entre os anos de chumbo e os anos de ouro, com o "milagre" econômico embalado pelos *slogans* da agência de propaganda criada por Médici, disseminando o ufanismo calcado na conquista do tricampeonato mundial de futebol em 1970, transmitido ao vivo pela televisão e ainda com apoios civis consideráveis.

O texto drummondiano aborda justamente os milhões de brasileiros que assistiam à Copa do Mundo em televisão preto e branco, enquanto algumas dezenas apenas a viam a cores. Seguindo o narrador, mesmo quem dispõe do dinheiro – "o que, segundo parece, não constitui crime contra a segurança nacional", diz o trecho irônico –, não pôde comprar, pois as autoridades não consideram oportuno liberar a cor na televisão.

A crônica prossegue em um tom mais questionador: "A razão divulgada pela imprensa é que a indústria nacional precisa de tempo para passar da fabricação do aparelho em preto e branco à fabricação do aparelho aperfeiçoado. Esse tempo já foi utilizado em outros países; por que seria mais dilatado entre nós?" (ANDRADE, 1970ae). Em seguida, o narrador recorre a seu amigo João Brandão, personagem sempre presente nas crônicas drummondianas, a quem reputa o questionamento às lojas sobre as reais razões para a dificuldade: embora haja enorme demanda dos consumidores pela TV a cores, as empresas pretendem desencalhar o estoque de TV sem cores. A crítica aparece áspera: "João pensava que a indústria foi implantada para atender aos consumidores. Acha, agora, que os consumidores foram produzidos para atender à indústria" (ANDRADE, 1970ae).

Um tom ameno se aproxima, porém irônico, em que o narrador diz, ele mesmo, não se queixar, já que a falta de cores permite ao espectador imaginar, para se transformar em melancolia pelos tempos vividos pelo Brasil:

> *Recomendo, como sucedâneo, olhar as nuvens. Têm estado belíssimas. Aqui embaixo, na terra pisada e machucada pela perversidade dos homens, a cor que mais se salienta é a do sangue, e esse terrível episódio da Rua Cândido Mendes dá vontade de apagar as imagens, para não ver escorrendo a mancha vermelha que os novos bárbaros espalham no calçamento. (ANDRADE, 1970ae)*

O trecho refere-se presumivelmente ao sequestro do embaixador alemão Ehrenfried von Holleben, em 11 de junho de 1970, pelos grupos guerrilheiros Ação Libertadora Nacional (ALN) e Vanguarda Popular Revolucionária (VPR), que culminou com assassinato de um guarda-costas na rua citada.

Em troca do embaixador, foi negociada a libertação para a Argélia de quarenta presos políticos.[4]

A crônica mais uma vez lida com um contexto conturbado, em que, após aniquilar a efervescência de movimentos populares com o advento do AI-5, o Estado passou a lidar com a guerrilha urbana e armada de esquerda que realizava ousados sequestros de diplomatas a serem trocados por presos políticos. A reação do regime foi feroz, especialmente com as classes mais baixas, reservando a prisão e o exílio às lideranças da elite ou da classe média. Ainda assim, não poupou ninguém, conforme Napolitano (2018), que mostra que dos 17.420 processados pela justiça militar, 80% tinham formação superior e predominância da faixa de até 25 anos (dados do Tortura Nunca Mais).

A percepção da opinião pública sobre a atuação da guerrilha era variada – por um lado, parte da população se encantava com o arrojo dos jovens rebeldes; por outro lado, a imprensa liberal logo conseguiu denominá-los de terroristas, termo que se tornou majoritário. De fato, a opção estava em desalinho com a busca pela democracia e os direitos humanos, e não deixou de ser observada e lamentada pelo narrador drummondiano. Ainda assim, a derrota da luta armada, amparada na tortura, abates e desaparecimentos, significou um grande trauma coletivo para a nossa sociedade, ao construir "um círculo do medo cuja máxima dizia que fazer política ou lutar contra as injustiças sociais era sinônimo de prisão ou tortura" (NAPOLITANO, 2018, p. 128).

Uma última menção que aqui parece relevante foi o texto dedicado a homenagear a amiga, poeta e professora da Escola de Comunicações e Artes da Universidade de São Paulo (ECA-USP), Lupe Cotrim, na crônica "**Lupe, rápida**" (28 fev. 1970). No auge da repressão, o autor prestou a reverência pública a quem atuou como ícone da luta durante o movimento de 1968, em especial nas greves que ocorreram na universidade. "Queria um mundo mais razoável que o atual, para seres não condenados de nascença à miséria e ao embrutecimento, quando não ao extermínio em série" (ANDRADE, 1970l), escreveu a respeito da amiga.

4 Ler mais em MEMORIAL DA DEMOCRACIA, 40 são trocados por embaixador alemão, 11 jun. 1970. Disponível em: http://memorialdademocracia.com.br/card/40-sao-trocados-por-embaixador-alemao.

Direito à cultura e ao patrimônio

A pauta do direito à cultura e ao patrimônio histórico, artístico e cultural é intrínseca a toda a produção jornalística-literária de Drummond no *JB*, e contumaz no conjunto dos textos de ambos os períodos analisados: os chamados "anos de chumbo" e a transição democrática. Por um lado, a presença persistente denota o vínculo do escritor com a temática; por outro, revela como o desafio brasileiro de proteger seu patrimônio e de garantir o acesso equânime da população à cultura não foi superado ao longo do intervalo de quinze anos – e permanece atual ainda hoje.

É possível que o elo de Drummond com o patrimônio histórico, artístico e cultural tenha se formado ainda no berço e nas relações primeiras com sua família, seu povo e seu território. Nascido em Itabira, Drummond passou suas primeiras décadas imbricado no Quadrilátero Ferrífero, região mineira assentada no centro-sul do estado, que carrega vivas as marcas do ciclo do ouro, sua beleza barroca face à violência da escravidão e à desolação ambiental da mineração. O *acaso* geológico que reuniu Itabira a Caeté, Mariana, Ouro Preto, Sabará, Santa Bárbara e tantas outras cidades de grande potencial de solo ferrífero traçou, de certo modo, uma história comum e uma conexão que para seus moradores talvez seja irrecusável ("Noventa por cento de ferro nas calçadas. / Oitenta por cento de ferro nas almas."[5]).

Para além das origens, um grande marco biográfico e público foi o encontro de Drummond, ao lado de outros intelectuais mineiros, com o grupo de modernistas de São Paulo que viajou às cidades históricas de Minas Gerais em 1924 para "descobrir o Brasil". Inspirados pelo primitivismo europeu, Mário de Andrade, Tarsila do Amaral, Oswald de Andrade, entre outros, enxergavam o barroco mineiro como símbolo do país. A viagem – intitulada caravana paulista e/ou modernista – marcou o início da amizade entre Carlos e Mário, tendo a conservação do patrimônio como um dos temas de correspondências e mesmo suscitando parcerias, como a contribuição de Drummond para edição de um suplemento jornalístico em 1929 dedicado ao debate do patrimônio de Minas Gerais, com relevância nacional, pois enlaçava o vanguardismo

5 ANDRADE, 2015. Do poema "Confidência do Itabirano", publicado em *Sentimento do mundo*, 1940.

da Semana de Arte Moderna de 1922 e a patrimonialização de monumentos coloniais, conforme Penna (2011a). Pouco depois, o próprio Mário formularia o anteprojeto de criação do Serviço do Patrimônio Artístico Nacional (Sphan, posteriormente Dphan e hoje Instituto do Patrimônio Histórico e Artístico Nacional - Iphan), buscando a restauração da memória brasileira.

Com a carreira burocrática iniciada em 1929, Drummond atuou como jornalista na imprensa oficial do jornal estatal *Minas Gerais*. Depois foi auxiliar de gabinete da Secretaria do Interior do estado para logo tornar-se chefe de gabinete do amigo Gustavo Capanema, no Ministério de Educação e Saúde Pública a partir de 1934. No cargo, Drummond envolveu-se ativamente com o concurso para a construção do edifício que sediaria seu ministério na década de 1940. Ao intermediar o contato com intelectuais e representantes da vanguarda cultural, como Rodrigo Melo Franco de Andrade e Manuel Bandeira, Drummond ajudou a fomentar o ninho para abrigar os ideais e a arquitetura modernista de Lúcio Costa, escolhido para assinar o novo prédio da pasta. Conforme assinala Penna (2011c), a atuação de intelectuais modernistas - como Drummond - na burocracia varguista atestava a ambivalência da convivência entre vanguarda e regressão natural do autoritarismo.

A relação com a cultura e o patrimônio seria aprofundada a partir de 1945. Com o pedido de demissão do governo Vargas, Drummond foi convidado para trabalhar no Sphan, dirigido pelo também amigo Rodrigo Melo Franco de Andrade. De lá, sairia aposentado em 1962, após dezessete anos atuando com levantamentos e tombamentos de monumentos históricos brasileiros.

As crônicas publicadas no *JB* são posteriores à vivência na burocracia estatal, mas trazem pistas sobre a sua preocupação e mesmo formação para abordar o direito à cultura e ao patrimônio. É como se Drummond, aposentado da repartição, resolvesse atuar em prol do tema como escritor, com objetivos claros de sensibilizar seu público leitor e mesmo intervir socialmente em nome desses direitos.

Em "**Constituição e cultura**" (23 out. 1969), o texto de Drummond aborda como a Constituição de 1967 deixara à cultura "o derradeiro lugar no derradeiro cômodo do vasto prédio. Cômodo que abre diretamente para o quintal das disposições gerais e transitórias" (ANDRADE, 1969e). O narrador discorre uma crítica à posição periférica na agenda governamental, utilizando termos que demonstram a típica ironia do autor, ao escolher palavras caras ao regime, como ao dizer que empreenderia pequena *revolução* ao colocar a cultura antes de qualquer norma de ordem social. O narrador trata, de maneira muito precisa, sobre artigos que versam sobre o tema e a falta de positivação, por exemplo, quanto à recomendação de criar instituto de pesquisa ou enfaticamente sobre a necessidade de destinação de verba para efetivar o desígnio constitucional.

A mesma temática voltaria às páginas do *JB* no dia 30 de outubro, em "**Para depois**", quando Drummond apresenta a carta de apoio recebida pelo Conselho Federal de Cultura, que relata ter apresentado ao governo um plano construído por um grupo de trabalho que contava com Afonso Arinos, contendo sugestões como estímulo técnico e financeiro à cultura; estímulo do poder público à produção literária e artística, instalação de bibliotecas, criação e manutenção de museus, arquivos, além de proteção da natureza, resguardando mananciais, a flora, a fauna e o patrimônio florestal.

Em "**Ruínas em progresso**" (25 nov. 1969), a crônica utiliza a sátira para tratar da gestão municipal do patrimônio histórico da cidade de Ouro Preto, em Minas Gerais. Ela critica o estado de conservação de monumentos e prédios históricos, ao passo que aponta a ganância por renda, como o pedágio, sem preocupação com a conservação: "A medida da administração local é de interesse evidente: os caminhões produzem ruínas, e o pedágio produz renda" (ANDRADE, 1969i). Em seguida, escolhe palavras mais fortes para tratar do afã turístico "patético" pela cidade, em risco eminente de catástrofes. A ironia perpassa o texto todo, ao dizer que Aleijadinho não ganhou o apelido ao ser amputado por caminhões, e que os veículos pesados - que transportam minério em toda a região do Quadrilátero Ferrífero - dão mais charme à cidade.

Ouro Preto estaria novamente na página de Drummond em 21 de fevereiro de 1970, em "**Notícia vária**", tratando da depredação das edificações do século XVIII pela circulação de veículos pesados, mesmo com a proibição normatizada. O empecilho seria a falta da edição de uma portaria - e Drummond ironiza o abuso do instrumento pela burocracia: "No país em que as portarias resolvem tudo, inclusive o que não devem" (ANDRADE, 1970i). Já "**Ouro Preto e o juiz alegre**" (6 ago. 1970) trata mais uma vez de Ouro Preto e a resistência da pelo narrador chamada de cidade-monumento. O texto explica o desenvolvimento de um Plano Diretor elaborado pela Unesco, em colaboração com a Dphan, a FAB e a Escola de Minas.

Outros textos trazem abordagens mais variadas, igualmente relacionadas aos direitos aqui tratados. "**Mais dois remorsos?**" (16 dez. 1969) denuncia o sucateamento da Escolinha de Arte de Augusto Rodrigues e da Casa dos Artistas, conhecido retiro para artistas idosos no Rio de Janeiro. Os dois casos são utilizados como exemplo da situação cultural do Brasil, com uma responsabilização direta dos governos federal e estadual ("O Governo não faz: desfaz"), pelo discurso favorável à cultura desarticulado com o corte ou não destinação de orçamento, a falta de planejamento governamental para a área e até ao papel pouco privilegiados dos conselhos de cultura.

Em "**Adeus, Elixir de Nogueira**" (17 jan. 1970), Drummond aborda a demolição do edifício homônimo, mesmo inscrito no Livro do Tombo do Patrimônio Histórico e Artístico Estadual, para abrigar um edifício de renda com uma reserva de espaço para biblioteca. O narrador coloca seu temor de que outros monumentos igualmente inscritos também sejam demolidos a partir de uma decisão autocrática, em desrespeito às instituições vigentes ("De que valem inscrições burocráticas, arqueológicas ou outras, se tudo pode ser cancelado com uma penada?"), para se colocar como defensor de "formas caducas e evocá-las, para que não se dissolvam de todo como se jamais houvessem existido" (ANDRADE, 1970d).

"**Ganhar o perdido**" (31 mar. 1970) apresenta com lástima como móveis coloniais mineiros, de origem portuguesa e espanhola, foram desprezados após a moda, no Império, do mobiliário francês. A partir dessa história, o narrador aspira uma nação com maior consciência da realidade histórica, típica, do Brasil, mesmo quando reconhece em si um espírito de quem se desfaz dos bens do passado, "com leviandade e sem pena. Um brasileiro como os outros" (ANDRADE, 1970q). Ele propõe, então, que o Ministério da Educação, que abarcava a pauta da cultura, formulasse uma política pública para promover a sensibilização pelo patrimônio histórico, além de dotação orçamentária para a atuação técnica de Estado.

"**Literatura, liquidação**" (20 ago. 1970) trata das liquidações de produtos no fim do inverno, para se debruçar, melancolicamente, sobre a liquidação de livros, considerando que tudo o que tem baixo preço tem também baixo valor. O texto faz um contraponto com as novelas e constrói um diálogo imaginário entre os próprios livros que apontam uma imagem do lugar ocupado pela literatura – e pela cultura – no Brasil.

Os amigos e personalidades que ajudaram a escrever a história do Brasil também foram inúmeras vezes homenageados nas crônicas drummondianas, como Mário de Andrade. Em 24 de fevereiro de 1970, ao lembrar os 25 anos da morte do amigo Mário, Drummond encerra seu texto "**Lembrança de fevereiro**" com um apelo para que seja reunida sua vasta produção perdida em jornais, revistas e arquivos particulares "a fim de que o Brasil conheça em profundidade o fenômeno de cultura distributiva e o coração universal que foi Mário de Andrade" (ANDRADE, 1970j). Em "**Mário Presente**" (4 jun. 1970), a propósito de uma exposição organizada na Biblioteca Nacional do Rio sobre a vida e obra do autor paulista, Drummond relembra o amigo e grande artista nacional, com menção a seu trabalho na Direção do Departamento de Cultura do município de São Paulo.

Já em "**Obrigado, meu velho**" (9 maio 1970), foi a vez de homenagear Rodrigo Melo Franco de Andrade, que trabalhava no Conselho de Cultura da Dphan, e seu trabalho que "abriu uma perspectiva nova para a cultura brasileira, pela integração do passado no presente, como força vitalizadora" (ANDRADE, 1970w).

Na década de 1980, em outro contexto histórico, Drummond publica "**O fim de uma editora gloriosa**", em 3 de janeiro de 1984. A crônica lamenta o fim da editora José Olympio após intervenção do BNDE, situação em que ele caracteriza com "tintas de assassinato cultural". A responsabilidade é atribuída ao governo, marcado por "rumos desconexos da organização oficial" e "indiferença da alta cúpula bancária com relação ao destino de uma obra *sui generis* confiada a seus cuidados. Obra que foi vítima desse mal aparentemente sem remédio que é a estatização". A mão pesada do Estado é precisamente criticada, assim como o argumento de que a liberdade de iniciativa privada sacrifica a soberania nacional: "Mas estamos cercados de multinacionais por todos os lados, e não vemos as medidas que o Governo estabelece para restringir-lhes o poder" (ANDRADE, 1984a). A narrativa demonstra a preocupação do narrador com o patrimônio cultural brasileiro, belamente registrada no parágrafo:

> *Na casa de J.O. que se extingue, há o sinal de uma vida inteira consagrada à produção e disseminação do livro, há o reluzir de grandes obras e coleções da imaginação e do pensamento brasileiros, há um fluir inestimável de ideias, de concepções científicas e educacionais, há uma vibração contínua de forças civilizatórias ligadas intimamente ao quadro de desenvolvimento do Brasil como projeto humanista de nação. (ANDRADE, 1984a)*

A melancolia pelo apagamento do patrimônio e do direito à sua fruição surge novamente, com enfoque na sétima arte. "**Os cinemas estão acabando**" (19 jan. 1984) trata do desaparecimento dos cinemas ("depois de terem desaparecido, ou quase, os frequentadores de cinema"), o narrador divaga sobre a busca do ser humano por novas formas de diversão e também pela rentabilidade. "É a sede econômica do lucro incessante e maior, dirão os especialistas de mercado. Se uma forma de ganho passa a render menos, cria-se outra", para questionar: "render então é um fim, um ideal?" (ANDRADE, 1984c).

Dias depois, em 31 de janeiro de 1984, o cinema – agora o Cine Guarany – é assunto em "**Manaus e a história de um cinema**", a respeito de um livro sobre o edifício que foi de casino a cinema e estava então ameaçado de demolição, sobre a qual o narrador comenta: "As cidades não sabem o desenvolvimento sem a desfiguração. Todo progresso, ou que se presume como tal, custa um pouco da alma urbana" (ANDRADE, 1984d). No mês seguinte, "**A vária sorte do Palácio de Cristal**" (2 fev. 1984) também trata de edifício construído cem anos antes, e que foi "enxovalhado" ao longo do século.

O burocrata Drummond parece assumir a pena em 14 de julho de 1984, quando apresenta um enfoque na formulação de política pública. Em "**Uma nova visão das bibliotecas municipais**", propõe a expansão nacional da iniciativa paulista destinada a transformar o conceito de biblioteca por meio de uma gestão da comunidade local, atuação em rede, financiamento compartilhado com vistas à aceleração cultural. O narrador coloca-se como entusiasta da iniciativa arrojada, que dialoga com os desenhos de políticas (*policy design*) atuais: "Teremos assim – e não é sonho – acionado um agente de restauração da vida municipal em seus aspectos criativos, depois de longos anos em que a alma das cidades foi fenecendo pela implantação de hábitos e práticas imediatistas, desligados da verdadeira fisionomia cultural" (ANDRADE, 1984ab). A proposta, talvez demasiado otimista, buscava um contraponto para o fenômeno da televisão como centro do entretenimento nacional, a partir da criação de um sistema de captação e circulação de bens culturais, centrado na biblioteca pública. "E se verificará, então, que a vida espiritual de uma pessoa não se restringe a passar três, quatro ou mais horas estáticas diante do aparelho de televisão comercial." (ANDRADE, 1984ab)

A visão de cultura e patrimônio de Drummond alcançava também expressões menos canônicas, sintetizadas como obras de arte em sentido estrito. No texto "**Na feira, um pedaço do Brasil**" (18 set. 1984), a feira foi exaltada pelo narrador de Drummond, que denunciou as ameaças à feira nordestina que toma São Cristóvão, bairro carioca, aos domingos, para defendê-la como parte do Nordeste e, portanto, parte do Brasil. O texto dá voz ao poeta Franklin Maxado Nordestino e seu cordel que enumera as qualidades da exposição e endereçava pedido ao governador Brizola e seu vice.

As crônicas de ambos os períodos analisados dialogam com um quadro de políticas públicas culturais e de patrimônio histórico no período de ditadura civil-militar que incluía tensões e transformações ao longo de sua duração. A modernização capitalista pretendida pelo regime compreendia o fomento à expansão da cultura de massas, estimulada por obras criadas por artistas de esquerda e consumidos pela classe média; além disso, pretendia realizar uma integração nacional, na qual a mídia ocupava papel central.

Assim, a ditadura convivia com a construção de campo artístico-cultural de oposição, que reunia intelectuais e artistas de esquerda – que ocuparam a hegemonia cultural no início do regime – e liberais – que despontaram como hegemônicos a partir de meados dos anos 1970 e que haviam se afastado do regime logo após o golpe, quando ficou clara a intenção dos militares de se perpetuar no poder. Logo, ficou explícita também a perseguição a esses grupos, que ensejou a denúncia sobre o terrorismo cultural diante do cerceamento da liberdade de expressão. Dessa ambiência de construção de um panorama cultural participa Drummond, seja por sua poesia, de viés mais erudito, seja na conversa diurna com seu público leitor no prestigiado *JB*.

Direitos da mulher

A abordagem sobre o papel da mulher e seu lugar na sociedade brasileira é um tema que aparece de modo ambivalente no conjunto de crônicas analisadas. Trata-se de achado ora esperado, em diálogo com seu tempo, que reconhece na mulher (apenas) a vocação para o lar e para o pedestal da musa; ora surpreendente, que antecipa o reconhecimento das potencialidades femininas, as opressões sofridas pelo patriarcado e a imperiosa necessidade de garantir igualdade de direito para ambos os sexos. Importa marcar que a noção de equidade de gênero – conforme concebida atualmente – não era uma questão formulada e reclamada dentro da temática dos direitos humanos no momento histórico em que foram publicadas as crônicas em questão. Contudo, as abordagens dos textos drummondianos compreendiam o prenúncio de direitos femininos fundamentais, germinando a perspectiva da igualdade de sexos em uma sociedade historicamente marcada pela desigualdade, preconceito e violência contra a mulher.

Na produção drummondiana do período, observamos um pêndulo que ofusca a mulher para encaixá-la em locais pré-estabelecidos e subjugados, para logo descortinar, compreendendo o direito à emancipação. As crônicas publicadas no primeiro ano analisado, entre 1969 e 1970, convivem com legislações e toda uma cultura extremamente sexista, quando o movimento feminista começava a surgir no cenário marcadamente conservador. Assim, ao pautar o tema da igualdade entre os sexos, Drummond ajudava a regar as sementes do estranhamento para o lugar social pré-concebido, enquanto trazia à tona para um público amplo e formador de opinião, um debate vivo que emergia gradualmente – e que na atualidade culmina no conceito da equidade de gênero.

Em "**Conto de hipopótamo**" (25 out. 1969), uma fábula da Guiná, conforme o autor informa, um pequeno trecho traz um questionamento sobre o lugar da mulher, que, após a tragédia causada pelo olhar malicioso da comunidade que observava a amizade de uma moça com um hipopótamo, lamenta:

"Por que nasci mulher? Se tivesse nascido outra coisa, Malingue estaria vivo, seríamos amigos para sempre..." (ANDRADE, 1969f).

A crônica em homenagem a Cecília Meireles ("**Deusa em novembro**", de 8 nov. 1969), porém, revela o olhar masculino sobre o ideal do gênero feminino, a ocupar o lugar de objeto de admiração, ressaltando a beleza da poetisa ao abrir e ao fechar seu texto, antes mesmo de destacar seu ofício, pelo qual se tornou reconhecida.

A moda é o gatilho para Drummond discutir a identidade de gênero. Na crônica "**Mini-reflexões sobre a maxilinha**" (3 fev. 1970) a partir da proposta de uma silhueta ampla, chamada de maxilinha, Drummond divaga sobre a fluidez dos gêneros:

> *Quem está mais indignado com os costureiros de Paris: os homens? As mulheres? Todo mundo?*
>
> *Difícil responder. Seria necessário, primeiro, apurar quem é mulher, quem é homem, depois da institucionalização do unissex. Moda tão marota que amplia os mistérios da natureza, criando, não o andrógino, mas o ser indefinível, talvez o nihilsex.* [...] *Em face da descoberta, cada pessoa será o que bem entender, dentro de sua faixa econômica, que esta não se discute. (ANDRADE, 1970f)*

Adiante, ele aborda a vinculação entre moda, opressão e mercado: "conciliando nudez e consumo, institui-se a transparência, que é um faz-de-conta", para completar que "a minissaia deu à mulher leveza, agilidade, graça maior, independência maior, num meio em que a repressão a envolvia como um círculo de peru".

A percepção sobre a opressão da mulher escapa, porém, na crônica "**O cãozinho e Fernando Pessoa**" (5 fev. 1970), em que o cronista coloca um diálogo entre um namorado supostamente erudito e sua namorada, subjugando-lhe por não conhecer literatura. O personagem usa termos como "Viu como você é burrinha?", "ignorantezinha em poesia", e o texto não parece trazer um juízo sobre o diálogo e as relações, mas apenas um espelho do que era naturalizado então (e ainda o é em muitas relações) (ANDRADE, 1970g).

Em "**Dinheiro Novo, Dinheiro Velho**" (19 maio 1970), uma fala sobre a mulher se sobressai: "Mulher nunca leva dinheiro consigo: manda botar na conta. Não tem conta? Bota assim mesmo" (ANDRADE, 1970x). O que pode ser interpretado como uma taxação preconceituosa, também pode ser lido como uma constatação apenas, revelador do lugar social da mulher que não possui dinheiro vivo – ou não possui dinheiro próprio, estando dependente de um outro masculino para pagar suas contas. Aqui é relevante recordar que estava vigente a Lei nº 4.121, o chamado Estatuto da Mulher Casada, aprovado em 1962 e que alterava o Código Civil de 1916, que atestava a incapacidade feminina para certos atos e previa a necessidade de autorização marital para trabalhar ou mesmo receber herança. Só em 1977, por exemplo, seria aprovada a Lei do Divórcio.

O pêndulo parece mudar de lado sob o olhar de Drummond a partir de "**A Academia e as Mulheres**" (2 jul. 1970) que traz uma campanha pela aceitação de Dona Diná Silveira de Queirós para a Academia Brasileira de Letras. No texto, o narrador dialoga diretamente com o então presidente da Academia, Austregésilo de Ataíde, chamando a Academia de clube antiquado ou castelo medieval, para dizer de forma clara: "Apenas me surpreende ver como cavalheiros que na maioria são de convívio ameno, bem recebidos em sociedade, assumem atitude misógina em literatura" (ANDRADE, 1970af).

À desculpa de que a versão brasileira de academia apenas segue o modelo francês, o narrador reage ao citar uma das grandes expoentes do movimento feminista:

> *O que há, em Paris, à margem esquerda do Sena, é a feia ingratidão ao gênio feminino, que salvou a França na pessoa de Joana d'Arc; ingratidão que ainda agora recolheu Simone de Beauvoir ao sol-quadrado, por meia hora.* [...] *Por que, logo na Guanabara, terra feminina por excelência, continua a segregação? (ANDRADE, 1970af)*

O narrador em seguida busca amparo em argumentos do direito, informando que a Constituição, que prega a igualdade entre os sexos, se sobrepõe a qualquer regimento interno. Em seguida, desenvolve um raciocínio que parece vanguardista para a época, pois trata explicitamente de transexuais e transgêneros:

> *E vamos admitir que João, nascido, batizado e registrado João, lá um dia, por um desses fregolismos glandulares, hoje comuns, se converta em Maria para todos os efeitos civis e humanos.* [...] *De repente, João, o imortal, vira Maria... e é despedido do Petit Trianon por essa retificação de sexo? Por outro lado, será necessário que Maria vire João para ingressar no cenáculo, ela que, por força dos poderes inerentes à mulher, tanto influiu para a entrada de inúmeros Joões na casa de Machado de Assis, no Congresso, em toda parte? (ANDRADE, 1970af)*

O argumento final é a própria Declaração Universal dos Direitos Humanos, "que também fulmina as discriminações de qualquer espécie". Para o narrador, aceitar as mulheres "será mais um tabu destruído, em tempos de revisão de princípios e valores caducos. [...] São todas as mulheres escritoras do Brasil, aspirantes ou não à Academia, que veem no gesto de Diná a defesa de uma prerrogativa comum" (ANDRADE, 1970af).

O tema é retomado algumas crônicas depois, *en passant*, em "**Aquele assunto**" (14 jul. 1970): "Esse órgão federal [o Ministério da Saúde] se dirige tanto a homens como a mulheres, ao contrário da Academia Masculina de Letras, que, segundo consta, pretente [*sic*] até impedir a passagem de pessoas do sexo feminino pela Avenida Presidente Wilson, para não ser perturbada em seu recolhimento de cenóbio" (ANDRADE, 1970ah).

Ainda mais uma vez o tema vem à tona. Dessa vez em "**Telefones e ruas**" (28 jul. 1970), quando o narrador lista uma série de ruas, praças, travessas etc., em que "a nomenclatura urbana rende tributo a damas que ilustraram o sexo", trazendo seus feitos impressionantes, para finalizar: "E dizer que até hoje Austregésilo de Ataíde e Marques Rabelo negam às mulheres brasileiras o direito de pertencer à Academia de Letras, quando elas já são placas em centenas de ruas da Guanabara!" (ANDRADE, 1970aj).

O episódio da campanha endossada por Drummond e liderada por seu amigo, o jornalista e biógrafo Raimundo de Magalhães Júnior, pela entrada das mulheres à Academia Brasileira de Letras (ABL) é descrito pela historiadora Mariza Guerra de Andrade como expressivo para a década de 1970, com as primeiras manifestações feministas em curso no Brasil: "O fato é que essa campanha teve sucesso dentro da ABL e, posteriormente, sua conterrânea, Rachel de Queiroz, entrou para a casa, até então formada apenas por acadêmicos" (ANDRADE, M., 2013, p. 63-64).

Mesmo com a campanha, em "**Ferromoças**" (21 jul. 1970), mais uma vez, Drummond retoma o olhar sobre a beleza das mulheres, dessa vez em forma de elogio às moças de automotrizes, que tais quais aeromoças, "com seu uniforme vermelho, seu chapeuzinho tirolês e seu charme" (ANDRADE, 1970ai) é algo a ser celebrado – jamais problematizado.

Já no segundo período analisado, nos anos 1980, Drummond escreve "**À enfermeira, no seu dia**", em 12 de maio de 1984, e republica um texto originalmente publicado em 1954 no *Correio da Manhã* para comentar como a precária situação das enfermeiras não se transformara durante trinta anos. Interessante notar que, ainda em 1954, o narrador refere-se aos enfermeiros, mas logo opta por se dirigir voluntariamente às enfermeiras no feminino: "Penso, em particular, na enfermeira, figura símbolo da profissão". Ao descrever as inúmeras dificuldades vividas pelas enfermeiras, que exercem trabalho "altamente qualificado" seja "irrisoriamente remunerado neste país de desníveis", o narrador chama a atenção para uma temática de gênero em discussão no feminismo atual – sobre a divisão do trabalho baseada no gênero, que atribui às mulheres o cuidado dos filhos, das pessoas idosas, com deficiência, enfermas, seja sem remuneração (no âmbito familiar), seja profissionalmente, em ofícios mal-remunerados, como é o caso da enfermagem. A questão foi ainda mais acentuada em 2020, durante a grave pandemia de Covid-19, que expôs as inúmeras mulheres que trabalham na linha de frente de cuidados com doentes, como técnicas de enfermagem e enfermeiras, sem os equipamentos individuais de proteção necessários, condições de trabalho insalubres e baixa remuneração.

Ao classificar o ofício que "constitui, de saída, testemunho de abnegação e renúncia à vida prazerosa, pois seu alvo é a dedicação ao sofrimento alheio", o narrador de Drummond acusa o Estado, "que atraiu as mulheres para uma carreira tão penosa e as diplomou", mas que não assegura salários, saúde, bem-estar ou reconhecimento público. Ele pontua, porém, que embora a situação das enfermeiras em 1984 não seja diferente da de 1954, a categoria possui "maior consciência de seus direitos e da dívida social para com a profissão que escolheu", apesar de serem ainda silenciadas: "Mal se ouve, entretanto, a sua voz. A categoria, basicamente feminina, é esquecida em suas justas recomendações" (ANDRADE, 1984v).

Direitos econômicos e sociais

A concepção de Herrera Flores sobre os direitos humanos considera central a noção de que as lutas antecedem os direitos, sejam eles sociais, econômicos, políticos ou culturais. Essa luta que, em síntese, é pela dignidade humana requer a construção de espaços sociais democráticos, que permitam uma tomada de consciência sobre a opressão, compreendendo como igualdade e liberdade contrapõem-se à desigualdade e à exploração social. Para a efetivação dessa compreensão, surge o diamante ético, a formulação teórica do pensador espanhol que tem como horizonte as condições para que todos e todas tenham igualdade de oportunidades para conceber e aplicar sua concepção da dignidade humana (HERRERA FLORES, 2009).

Diante dessa compreensão na qual a igualdade de oportunidade se coloca como crucial no direito à dignidade humana fica exposta a fragilidade da efetivação dos direitos humanos em países historicamente desiguais como o Brasil, localizado na América Latina, com uma história pautada no genocídio de povos originários, escravatura, colonialismo, modelo de produção de exploração, resultando em subdesenvolvimento. O cenário compõe a tragédia brasileira, na qual a impossibilidade de acesso a direitos sociais e econômicos para a imensa maioria da população resulta, ainda hoje, em uma realidade de direitos humanos enunciados formalmente, sem que estejam verdadeiramente concretizados na vida das cidadãs e cidadãos brasileiros. Trata-se, portanto, de uma experiência clara de convivência de desafios de efetivação de direitos de primeira, segunda, terceira e quarta geração, uma vez que a impossibilidade de fruição de direitos sociais e econômicos impede, por exemplo, que 5% da população nascida a cada ano não consiga ter acesso ao registro civil de nascimento.[6] Afinal, como escreveu Drummond em "**O espírito da coisa**" (10 abr. 1984), "Todos são iguais perante a lei, mas alguns o são menos, e outros mais" (ANDRADE, 1984m).

Considerado, pois, como aspecto crucial para países em desenvolvimento, os direitos econômicos e sociais estão reiteradamente presentes nas crônicas de Drummond nos dois períodos analisados. Os anos de chumbo coincidem com o "Milagre", período conhecido na historiografia e também na memória brasileira com altos índices de crescimento do Produto Interno Bruto (PIB), pleno emprego, consumo, obras faraônicas e uma sensação de otimismo ao concretizar o sonho do Brasil como potência. Explicam o crescimento econômico fatores como o ambiente internacional extremamente favorável diante de uma política interna repressiva, sem o custo da democracia e discussões e negociações com o capital e a sociedade, além de um saneamento financeiro interno promovido pela política ortodoxa do Plano de Ação Econômica do Governo (PAEG).

Napolitano aponta, entretanto, que os números, vistos em perspectiva, não parecem assim tão impressionantes: entre 1948 e 1963, o crescimento médio do PIB foi de 6,3%, enquanto atingiu 6,7% no período da ditadura, entre 1964 e 1985. Durante o "Milagre", porém, o crescimento anual da economia bateu 14% em 1973, o que foi compensado pelos pífios resultados da década de 1980. No início dos anos 1980, "as contradições, ou os limites, do crescimento econômico anteriormente alcançado – expressos numa brutal concentração de renda social e regional e num enorme endividamento exterior – tornavam-se claras" (REIS FILHO, 2014, p. 141). Após o segundo choque do petróleo, em 1979, o Brasil enfrentaria recessão, desemprego e hiperinflação (alcançando 200% ao ano em 1983), o que reduziu consideravelmente a adesão ao regime e pressionou-o rumo à abertura. A junção entre baixo crescimento e alto desemprego em um cenário de maior liberdade de expressão significou um fomento aos grandes movimentos sindicais, voltado para as condições de vida e de trabalho, durante a primeira metade dos anos 1980.

6 Só em 2017 mais de 155 mil crianças deixaram de receber a Certidão de Nascimento no seu primeiro ano de vida, o que corresponde a 5,1% dos nascimentos ocorridos naquele ano, segundo a Coordenação Geral de Promoção do Registro Civil de Nascimento. Ministério da Mulher, Família e Direitos Humanos.

Os extratos de Drummond no *JB* revelam como o escritor enxergou o "Milagre" considerados os aspectos sociais e econômicos vividos pelo país, e também como viu a sociedade receber a fatura entre 1983 e 1984: afinal, a política econômica empreendida nos governos Médici e Geisel impuseram um alto custo social, com arrochos salariais, concentração de renda, alta inflação, favorecimento do êxodo rural sem estruturas necessárias nas grandes cidades, devido à impulsão do setor de construção civil.

Assim, no auge do ouro (na economia) e do chumbo (nas gentes), Drummond publica "**Inventário da miséria**" (em 15 jan. 1970), que narra uma visita de um homem que, entre seus trabalhos, realiza um levantamento da miséria em sua cidade, para apresentá-lo a autoridades em busca de soluções, já que as apresentadas até então não foram capazes de alterar a realidade de "doença, abandono, aviltamento do ser humano" (ANDRADE, 1970c). O texto parece trazer uma compreensão bastante nítida da realidade vivida pelas pessoas nos municípios esquecidos do interior do país, apontando com uma palavra forte, já no título, a extrema pobreza presente no país "grande potência". A disposição de inventariar a miséria não possui importância menor, uma vez que tratamos de um período em que não eram realizados diagnósticos das condições de vida e da pobreza no Brasil. Ainda que existisse algum esforço, seria inverossímil crer nas informações fornecidas por um regime ditatorial, sem transparência e controles independentes. Na biografia de Drummond, Cançado (2006) aponta, no Capítulo 4, que a crônica foi baseada em um texto de um bispo de Itabira, cidade natal do escritor, em Minas Gerais.

A miséria é novamente abordada em "**Um cobertor, neste inverno**" (30 maio 1970), que aborda uma campanha empreendida para doação de cobertores para pessoas vulneráveis. O texto, enquanto elogia a iniciativa, perpassa as carências crescentes da população brasileira em pleno período de "milagre" econômico, marcado pela concentração de renda e pela censura do próprio contexto socioeconômico. O texto adquire então um caráter de denúncia, ao evocar uma bela e triste imagem de recém-nascidos embrulhados em jornal, sem que isso alcance critérios de noticiabilidade: "Como se morre de frio nas ruas de São Paulo e mesmo da Guanabara. E há maternidades por aí em que bebês saem enrolados em papeis de jornal, como notícias despercebidas entre manchetes do mundo inteiro..." (ANDRADE, 1970z).

O cronista destaca aspectos que, mesmo em uma ação assistencialista, busca contornos menos definidos de assistencialismo, reconhecendo o outro, sua existência e sua dignidade humana, contra a espetacularização da oferta, contra a distribuição em "filas de pobres ("essa ofensa à pobreza"), pois "não se humilha ninguém, com intenção de ajudá-lo". Ele ainda pondera que a campanha não pretende resolver o problema da miséria, que é tarefa do poder público e da iniciativa privada, que ele caracteriza como "reflexo de estrutura econômica viciada, a ser corrigida mediante reformas humanas e democráticas", reforçando de modo explícito a necessidade de participação social na resolução de problemas complexos como a pobreza.

"**Novo Cruzeiro Velho**" (14 mar. 1970) se coloca como chiste revelador da desigualdade social, econômica, de gênero e possivelmente racial ao narrar o diálogo ao telefone entre a copeira do Lindomar e o presidente do Banco Central durante o governo Médici (1969-1974), Ernane Galvêas. A copeira, na sua simplicidade, questiona reiteradamente a contínua desvalorização monetária em contraponto às constantes trocas da nomenclatura da moeda, até que a autoridade, cansada de buscar respostas para questionamento tão direto, recorre à via da subjugação, mandando a copeira estudar economia política. Na mesma temática, "**Floriano lá em cima**" (4 abr. 1970) aborda a utilização de ex-monarcas e ex-presidentes do Brasil que estampam cédulas de cruzeiros, a moeda corrente à época. O texto aborda a desvalorização monetária devido à inflação crescente e a decisão de circular notas de valor mais alto.

> *De anos pra cá, ficou complicado adquirir qualquer coisa acima da caixa de fósforos. Tudo passou a custar uma quantia que não estávamos em condições de transportar na carteira.* [...] *Então, como atraso regulamentar, vem aí a pelega de 100 contos, que, se não resolve, remedia. (ANDRADE, 1970s)*

"**Dinheiro Novo, Dinheiro Velho**" (19 maio 1970) traz mais uma crítica às mudanças constantes de moeda, devido à desvalorização monetária, denotando a fragilidade econômica do país. Daquela vez, era a transformação de cruzeiro novo para cruzeiro. Drummond ironiza: "Está ficando sem graça usar sempre o mesmo dinheiro, que compra cada vez menos biscoito?

Então muda-se o dinheiro. Se a realidade não confirma a hipótese, torna-se a mudar. Pelo menos carregamos no bolso uma ilusão diferente" (ANDRADE, 1970x). A crônica termina em tom exageradamente esfuziante ("salve o dinheiro novo!"), saudando a economia que vai significar – pelo menos de palavras. "A reforma deveria ser mais radical. Se fossem suprimidos o cifrão, os algarismos e a palavra cruzeiro, era a economia total", termina, na voz de João Brandão.

"**Prece do brasileiro**" (30 maio 1970) é escrito em verso e traz uma oração pelo nordeste, pela chuva, por acesso à alimentação, em que Jesus Cristo responde que cabe ao homem encontrar caminhos para a justiça social, irrigação, em uma postura mais atuante. A crônica termina em uma prece pela seleção de futebol ganhar a Copa, em um escapismo sempre retratado pela memória. Afinal, a dualidade entre os anos de chumbo e os anos de ouro, como trata Aarão Reis Filho, foi embalada pelos *slogans* da agência de propaganda criada por Médici, difundindo mensagens ufanistas impulsionadas pela conquista do tricampeonato mundial de futebol em 1970, transmitido ao vivo pela televisão e ainda com apoios civis consideráveis. Entretanto, apesar dos índices econômicos e da modernização realizada no país, evidenciava-se a abertura do fosso de desigualdades sociais, legado latente ainda hoje.

"**Um cidadão**" (1 set. 1970) se manifesta com um desejo consciente do cronista de influenciar, por palavras, o comportamento dos leitores, sensibilizando-os para receberem e prestarem informações ao recenseador. O texto, na primeira pessoa, traz uma mensagem delicada, não endereçada diretamente a ninguém. A abertura cita a entrevista agendada para o dia seguinte e manifesta uma indisposição "em ficar retido em casa durante 30 minutos", buscando, talvez, no(a) leitor(a) a mesma resistência, para depois desconstruir, a conta-gotas, a má vontade, para concluir que das respostas ocorrerão "as maiores consequências", como o planejamento de políticas públicas. O texto prossegue com uma reflexão sobre a importância do cronista – tomado como um cidadão qualquer, um "João Brandão", – para mostrar que todos importam. A autocrítica do narrador pode suscitar o mesmo em quem lê: "Sou dono desta nação. Nem sempre essa propriedade me acode à lembrança, e deixo-a entregue não sei bem a quem, ou a ninguém". No parágrafo final, o narrador busca um tom de convencimento, ao dizer que vai dar seu nome, para buscar o leitor, em afirmação: "Eu e você, nós. É tão simples e tão necessário" (ANDRADE, 1970ao).

Com alicerces fundados na entrada do grande capital estrangeiro, o regime civil-militar promoveu uma modernização do país e também uma sociedade pautada no superconsumo. As transformações no modo de viver e de consumir foram alvos constantes de observação de Drummond, que demonstrava seu profundo descontentamento com os novos hábitos. "**O conselheiro**" (9 dez. 1969), por exemplo, aborda o imperativo da sociedade de consumo na grande data comemorativa do comércio: o Natal. O conselheiro do título orienta o leitor e advoga pelo benefício de alimentar a cadeia de superconsumo, para tratar, quase displicentemente, de temas econômicos e sociais que rondavam o país: a opressão ("aproveite enquanto pode obedecer, não se torne um elemento desajustado") ou o superendividamento populacional ("Se o seu crediário do ano passado ainda não acabou de ser pago, porque emendou com o do ano atrasado, isso prova que uma saudável corrente de crédito extensível até o infinito está cercando sua vida de mercadorias e de confiança") (ANDRADE, 1969l).

No mesmo mês, a temática voltaria ao *JB*, dessa vez em data e com tratamento editorial trabalhado para encantar. "**A um senhor de barbas brancas**" foi publicada em 25 de dezembro de 1969, em página dupla e ilustrada com um enorme, doce e simpático Papai Noel, cheio de presentes, bem ao estilo visual de um natal Coca-Cola. A imagem – comercial e cativante – contrasta com a mensagem trazida pelo texto, que se dirige ao "bom velhinho" em certo tom melancólico, que desconstrói a imagem da lenda ao descrever a realidade dos homens que se vestem de vermelho por trocados ("És gordo. Estás suado. Tens cecê.") em contraste com a difusão da imagem ("O mito, cada vez mais concreto em toda parte, motiva os homens, cria o novo real.") calcada em uma sociedade de consumo estimulada a vender e a comprar produtos e até a "ideia prístina do amor" para concluir ao questionar ao mito como se sente ao nos entregar uma "mensagem torta", ilusória, aos homens em busca de "Deus na hora divina" (ANDRADE, 1969p).

Agora em tom mais otimista, o narrador de Drummond questiona o aspecto comercial que ocupa as datas comemorativas em "**Antes da Páscoa**" (21 mar. 1970), propondo um significado comercial enquanto ofusca o simbólico ou religioso, transformando as sociedades e as cidades. "Chocolate conduzindo a um território místico, onde mistérios são revividos, e o divino assume formas terrestres: esta função, o fabricante de ovos de páscoa está longe de imaginá-la, mas, sem querer, ele a cumpre." (ANDRADE, 1970p).

A moda do vestuário – que no século XX desenvolveu *modus operandi* íntimo ao superconsumo devido às suas ondas de novidades e desejos satisfeitos a cada estação – é tratada em suas semelhanças com a Idade Média, em "**Ivã na Idade Média**" (11 ago. 1970):

> *Doce engano, pensa que a extravagância da roupa é símbolo de rebeldia, a serviço de uma nova imagem do mundo. Será antes submissão à moda, ao status, ao establishment, que permite ousadias de exterioridade para esconder a permanência de fundo. Esporte divertido, pesquisar os cabelos brancos da novidade, cuidadosamente escondidos. De novo, mesmo, só resta a Pré-História. (ANDRADE, 1970al)*

Já na década de 1980, Drummond lança seu olhar sobre o desemprego, um dos graves efeitos colaterais das decisões econômicas do regime, e publica "**Nova profissão: desempregado**" (28 jul. 1984), transferindo a atenção sobre a sucessão presidencial, que havia sido objeto da crônica anterior, para um dos milhares de desempregados: "— E eu? Terei que esperar que isto se decida, e o país volte a crescer 10 por cento ao ano, para merecer um prato de sopa?" (ANDRADE, 1984ad). A pergunta coloca outra lente sobre o momento vivido pelo país: o saldo deixado pelo período ditatorial. "Outros desempregados, porém, saem pelas ruas, à cata de empregos que naturalmente, não são encontrados porque não existem. Nem o subemprego? Nem este." (ANDRADE, 1984ad). Ele trata então dos camelôs, fenômeno que já havia sido tratado em outros textos, mas agora foca em "homens e mulheres de estômago vazio", vulneráveis à violência da fiscalização; o desemprego que atinge inclusive pessoas com nível superior. Outro fenômeno é retratado: a venda de objetos diversos em classificados de jornal "em substituição à renda fixa do salário não conseguido".

A própria transparência da informação oficial é contestada pelo narrador:

> *Número deles, no país? Quem vai contar? Entretanto, contá-los seria chance de emprego para muita gente. Sabe-se por informação oficial que a taxa de desemprego, aqui e ali, baixou alguns pontos. Devemos acreditar, mas é possível supor que essa baixa se dê pelo falecimento dos desempregados. (ANDRADE, 1984ad)*

Por fim, o narrador aponta a falta de políticas públicas do governo para combater a desigualdade social:

> *Essa mão-de-obra disponível, oferecida, e recusada, e portanto improdutiva, desalentada e desalentadora, aguarda com esperança a espécie de sopa dos pobres que o PMDB inclui em se programa de emergência para o futuro Governo. Sempre será mais propícia ao estômago do que a sopa de nada, que o atual Governo distribui a mancheias. (ANDRADE, 1984ad)*

A "Frase do dia" da crônica traz outro quadro da tragédia brasileira: o registro, em um município do Ceará, da morte de 21 crianças – quinze delas atribuídas à fome.

"**O dia (que não existe) do pai de todos**" (11 ago. 1984) trata de como governantes brasileiros se relacionam com a população, em uma relação paternalista e destinado a poucos privilegiados, sendo portanto "Pai de Alguns": "Então o número de filhos reconhecidos e amados pelo Pai de Todos reduz-se na prática a uns tantos indivíduos que usufruem as doçuras da filiação, e em geral nem tomam conhecimento de seus irmãos desfavorecidos" (ANDRADE, 1984af).

A propósito da 8ª Bienal do Livro, o narrador de Drummond envereda pela discussão imaginária com Padre Manuel Bernardes da eleição por colégio eleitoral e avança para os requisitos de um bom governante em "**O padre na bienal do livro**" (18 ago. 1984):

> *Gravei bem o conceito, pois ficou claro que o respeito aos direitos humanos, na convicção de Bernardes, é condição essencial para que haja abastança, pelo livre desenvolvimento das capacidades produtivas, o que nem sempre acontece quando os governos cuidam demasiado de segurança e pouco do bem público. (ANDRADE, 1984ah)*

"**Brasil sonhado e possível**" (30 ago. 1984) traz uma crítica direta às promessas de campanha ilusórias de Paulo Maluf, ao passo que retrata a difícil realidade brasileira de desemprego e inflação. Por meio de um diálogo entre dois amigos, um deles se mostra radiante com a conquista do novo emprego. A conversa revela, aos poucos, que se trata apenas de uma expectativa de campanha para após as eleições do Colégio Eleitoral, com promessas de "emprego e salário compensador a todos os trabalhadores", "saúde, saneamento e promoção humana para todos", "escola a todas as crianças em idade de estudar", entre tantas promessas.

O diálogo apresenta agora uma proposta mais radical, a transformação do país em empresa Brasil – a ser "administrada com verdadeiro espírito empresarial" pelo autoproclamado grande gestor Maluf. O discurso presente no princípio de 1984 traz conceitos extremamente atuais, ao retratar a contraposição entre Estado e empresa; e uma necessidade de administrar um país com objetivo de gerar lucro, em uma compreensão de que os cidadãos serão sócios da maxiempresa. Interessante notar como, quase quarenta anos depois, o discurso permanece vivo, repetido por diversos setores, candidatos e mesmo presidentes e ministros no Brasil atual.

Direito à democracia e à participação política e social

Entre todas as temáticas de direitos humanos, a pauta da democracia e da participação política e social na vida pública do país é, inegavelmente, a que ressalta de modo mais consistente em toda a produção analisada, totalizando 29 crônicas identificadas. Importa aqui notar que a visão de Drummond manifestada nos textos sobre o conceito de democracia é transformado ao longo do tempo, adquirindo um caráter mais assertivo e substantivo à medida que os anos passam.

Para a atualização das concepções sobre a democracia nas crônicas de Drummond face à ditadura civil-militar, podemos buscar um marco zero que extrapola o *JB*. Na sua crônica de 4 de abril de 1964, dias após o golpe de Estado, quando ainda escrevia para o *Correio da Manhã*, o escritor seguiu o coro da grande imprensa liberal no texto "**Hora de provar**",[7] em que criticava João Goulart, a quem responsabiliza pela queda: "É com tristeza misturada a horror que, ao longo da vida, tenho presenciado generais depondo presidentes, por piores que estes fossem. Será que jamais aprenderemos a existir politicamente?", questiona o narrador, para dizer em seguida que "no caso do sr. Goulart a verdade é que ele pediu, reclamou, impôs sua própria deposição" (ANDRADE, 1964). Na conclusão, o narrador dedica ao Congresso a confiança e responsabilidade para preservar a ordem e garantir eleições, seguindo o discurso hegemônico então na sociedade brasileira que defendia – ou, pelo menos, aceitava – o golpe em nome da democracia ("é hora de provar que reformas democráticas substanciais podem ser feitas – fazendo"), sem intuir a enorme contradição explícita no argumento.

Seis anos depois, vivendo as consequências do regime ditatorial instaurado e já no *JB*, Drummond publica "**Hora de reis e rainhas**" (27 jan. 1970), um texto divertido a pretexto do carnaval. O narrador apropria-se de uma lente *naïve* ("meu coração sempre foi monárquico") para delicadamente pincelar ironia ao refletir sobre formas e sistemas de governo ["senti que não deveria ser muito exigente" ou "não havendo Estado Recreativista (antes, pelo contrário)"], em um debate que ora parece uma confusão brincalhona, ora recorre ao chiste para tratar da representação estatal e o diálogo com o autoritarismo ("oficializado como foi o sistema plurireino, cada um escolha o par de reis a quem deva pagar tributo e sacrificar a vida no campo de batalha" ou "E Imperador? Nenhum imperador por aí? Também faz falta, gente") (ANDRADE, 1970e).

"**Escolher**" (2 abr. 1970) adota novamente a ironia para tratar da falta de eleições diretas para cargos do Executivo, o fim de partidos políticos, a cassação de deputados, a perda de direitos políticos de opositores, mudanças constantes das regras eleitorais. Em um diálogo que transita entre política e moda,

7 Crônica disponível em: https://em1964.com.br/hora-de-provar-por-carlos-drummond-de-andrade/.

os amigos comentam, sobre como é melhor não ter um espectro de opções que demandem ou permitam escolher entre senadores, deputados federais e estaduais, comprimento de saias, em uma transmutação satírica, como em:

> — *O legal seria a maxi, né?* [sobre a saia de comprimento maxi]
>
> — *Lógico. A ordem é preservar os bons costumes e, se preciso, inventá-los. (ANDRADE, 1970r)*

O diálogo termina com os amigos satisfeitos por terceirizar a escolha, concluindo que, "alguém, que sabe, preferiu por nós".

"**O Terrorista**" (9 abr. 1970) apresenta uma visão mais complexificada, por meio do que, ao final, se revela uma entrevista com o "senso comum" sobre terroristas - como eram chamados membros da oposição que apostaram na luta armada contra do regime civil-militar. A atribuição de termo tão pejorativo coadunava com uma justificativa da ditadura sobre os métodos brutais de aniquilamento das ameaças à segurança nacional, como extradição, prisão, tortura, desaparecimentos e assassinatos. Ao longo do diálogo, o terrorista passa a ser compreendido, explicado ("deve-se esperar a consciência de erros que geram desespero e abrem caminho ao terrorismo"), relativizado para apontar como qualquer um pode ser um terrorista em potencial e não o saber, para tratar de como evitar a formação de um terrorista pela via da educação e emancipação democrática:

> — *Mas há muitas formas eficazes de educar, mesmo fora da escola.*
>
> — *Por exemplo?*
>
> — *Um projeto democrático, que dê bem-estar relativo aos homens livres, relacionados. (ANDRADE, 1970t)*

"**13 soluções de um problema**" (21 abr. 1970) enfoca as eleições para o governo do Rio, testando hipóteses a partir do cenário de bipartidário entre Arena e MDB, pontuado pela convicção de que será o general Médici que vai de fato escolher. Já em "**Desisto da candidatura**" (11 jun. 1970), o narrador publica um texto divertido e leve, com críticas explícitas à falta de participação social, compondo um desmascaramento sobre as regras práticas de um jogo eleitoral bastante autoritário. O narrador abre o texto dizendo que desistiu de candidatar-se ao governo da Guanabara, mas, uma vez no posto, sua principal intenção seria a de criar a diretoria de Proteção ao Homem contra si mesmo, considerado o potencial destrutivo humano, que alcança toda a natureza que o cerca. Em seguida, percorre e descortina as regras pragmáticas, em que a assimetria comprometia o bipartidarismo:

> *Esperei que fossem passadas em revista e sucessivamente queimados os políticos que aspirassem a governar o Rio. O MDB não me interessava. Meus olhos estavam fitos na Arena, Partido do Governo. Segundo os tratadistas da ciência política, só o Partido do Governo constrói para a eternidade. (ANDRADE, 1970ad)*

As fantasias sobre o desenlace da candidatura prosseguem problematizando como alguém não filiado ao partido poderia concorrer, mas persistem os trechos reveladores na elucubração, que envereda pelas ferramentas utilizadas pela ditadura para manter uma fachada bipartidária, utilizando-se de cassações e da imposição:

> *É candidato para vencer e para perder, ou as duas coisas juntas: bravamente. Mas perder como, gente, se Partido do Governo jamais perde eleição? É só cassar uns 10 ou 15, coisa simplezinha.* [...] *Da decisão nasceria a certeza de que só numericamente o MDB é majoritário na Assembleia eleitoral. Filosoficamente, número não conta; é representação abstrata e arbitrária da realidade. Oito valem mais do que três? Ora, em política um vale mais do que 900, e isto não necessita demonstração. (ANDRADE, 1970ad)*

Mais à frente, outra palavra sobre o jogo como ele era: "Não recusaria, porém, uma fatia menor ao MDB, isso é, à Arena fantasiada de MDB, eles também merecem viver, meu Deus" (ANDRADE, 1970ad). Uma menção ao Serviço Nacional de Informações (SNI) ("Meu nome seria aclamado. Nada constando no SNI sobre meus versos") traz o assombro da repressão mais pura. A mesma passagem traz uma referência ao cronista, poeta celebrado, permitindo um entrelaçamento por parte do(a) leitor(a) entre o poeta cronista e seu narrador. O sonho da eleição é terminado pelo quase inaudível "não" do presidente da Arena, para terminar, de novo, com o chiste no jogo entre narrador e cronista: "Vou dedicar-me à salvação do país pela reforma ortográfica" (ANDRADE, 1970ad).

"**Seleção, eleição**" (9 jul. 1970) trata do capitaneamento da recentíssima vitória da seleção de futebol por parte do partido do regime, a Arena. Com uma série de *slogans*, o narrador de Drummond logo explica a relação imbricada entre a imagem positiva de um Brasil vitorioso nos gramados e na vida política, econômica e social, regida pela ditadura: "A Arena recebeu instruções: deve esforçar-se por motivar o eleitorado, acenando-lhe com as nossas (suas, dela) vitórias esportivas no exterior, que desta maneira, se transformarão em vitórias políticas no interior", para terminar com uma descrição do impacto da seleção sobre o jogo político: "se a Arena não entrasse com a Seleção, eu queria ver ela ganhar a Taça do Congresso" (ANDRADE, 1970ag).

A crônica seguinte – **"Os primos"** (11 jul. 1970) – mais uma vez trata de eleições no regime civil-militar e da falta de participação social. Dessa vez, o narrador traz uma ironia tão fortemente construída que é possível que tenha convencido alguns leitores – os desavisados – de que queria dizer o que parece ter dito. "Agora que foram escolhidos todos os governadores, sinto uma grande paz", diz o narrador, caracterizando a todos como primos-irmãos, ligados ao mesmo tronco, o que seria uma garantia de união, com "identidades de ponto-de-vista", mas o tom convincente traz também pequenas pistas de querer dizer o contrário do que é dito, pelo emprego do termo "frívolo" para referir-se ao direito de escolher seus governantes, ou do termo "eliminar", que logo busca critérios inusitados e até não críveis para a escolha do alto escalão:

> *Ah, se todas as famílias fossem assim!* [...] *O Brasil era precisamente uma família desunida, que brigava muito por motivos frívolos, como esse de escolher quem devia mandar nos parentes de quatro em quatro anos.* [...] *Agora, mediante processo simples, de filtragem discreta, eliminam-se os maus elementos, e os quimicamente puros, submetidos a rigorosa análise sangue, eletroencefalograma, etc., são selecionados para os postos de direção. (ANDRADE, 1970aga)*

"**Terror, horror**" (13 ago. 1970) é dedicado ao aterramento sentido com as notícias do sequestro do cônsul brasileiro Aloysio Dias Gomide, em Montevidéu, no Uruguai, pelo Movimento de Libertação Nacional Tupamaros, organização revolucionária uruguaia. O texto assume um tom crítico para os revolucionários, chamados de terroristas que se tornam mais odiosos "perante todas as pessoas simplesmente humanas, que não colocam nenhum objetivo político acima do respeito à vida". O narrador chega mesmo a exaltar a postura do regime civil-militar brasileiro que, ao contrário do uruguaio, se dispôs a negociar com os militantes armados, com um aposto final dirigido aos militares: "em que pesem seus erros de concepção democrática" (ANDRADE, 1970am).

"**Plebiscito**" (22 set. 1970) traz uma anedota sobre a democracia, com uma personagem (Dona Amarílis) de nome inventado, caracterizada como uma democrata (e daí decorreria não poder ter sua identidade tornada pública?). É um pequeno caso de uma professora que resolve fazer um plebiscito com os alunos sobre as professoras poderem ou não usar saias no ambiente escolar – o fato surpreende ao ser datado em 1970, em meio à convivência com a revolução de costumes, movimento de contracultura iniciado na década anterior, o que é revelado inclusive nas gírias que saltam das respostas dos alunos ("cada um na sua", "papo furado", "curtindo à vontade"). O texto traz pitadas de ironia em diálogo com a realidade autoritária brasileira, como no trecho: "Assim todos iam votando, como se escolhessem o Presidente da República, tarefa que talvez, quem sabe? No futuro fossem chamados a desempenhar" (ANDRADE, 1970ap).

A discussão, porém, extrapola o conteúdo proposto pela professora e suscita uma discussão sobre a obrigatoriedade do uso do uniforme dos alunos, em uma espécie de metonímia sobre as demandas crescentes por direitos, a partir da conquista da participação social, na espiral que passa a reconhecer novos sujeitos – os alunos, para além da professora – e de novos direitos – a liberdade do vestir-se. A anedota é concluída com a ironia típica drummondiana, em que a "balbúrdia" foi interrompida pela professora, que "achou prudente declarar encerrado o plebiscito, e passou à lição de História do Brasil". A escolha de encerrar a tentativa de um respiro democrático é abortada pelo contraponto, estabelecendo uma relação da nossa história com o oposto de democracia, acentuando nosso passado de governos e grupos de poder autoritários.

"**Primavera afinal encontrada**" (24 set. 1970) homenageia a estação que se abria a partir da construção de um romântico narrador que se propõe a adquirir "vultoso sortimento de primavera" e que passeia entre lamentos de Burle Marx sobre a invasão do cimento ante o jardim e discursos feitos "na surdina" no mercado das flores. Mais uma vez, o texto abre com uma menção romântica à estação do ano para caminhar pelo fazer político brasileiro. A voz é dada a um representante do MDB, partido único de oposição, que afirma adotar as mesmas flores e as mesmas ideias do partido do governo (Arena), que em síntese é uma única, calcada em discursos domesticados – tutelados – pelos militares: "Uma primavera discreta, bem comportada, sabe?".

A busca pela primavera legítima encontra o cinismo do culto à muda de pau-brasil, símbolo da nação brasileira pela beleza natural, mas também pela desgraça extrativista. "A julgar pelo número de exemplares plantados a cada ano, o país inteiro é uma floresta de pau-brasil; a gente nem pode atravessar a rua, pois tudo são troncos e ramagens da árvore nacional. Mas sucede exatamente o contrário" (ANDRADE, 1970aq). O narrador recorre à ironia para buscar uma justificativa – de que ouviu dizer, apenas, que as mudas são recolhidas para serem usadas no ano seguinte. O texto termina no encontro do narrador ao enxergar a primavera no "broto", gíria da época para uma bela jovem, também "produto caprichado da Natureza", reiterando a visão da mulher-musa.

Os textos aqui apresentados dialogam com as impurezas que compõem os contextos dos "anos de chumbo" e da redemocratização. Dentro da temática do regime democrático de direito, a imensa contradição ultrapassa o discurso legitimador do golpe de 1964 para se reafirmar em 1968, com o AI-5, que evoca a democracia, a liberdade e a dignidade da pessoa humana, ao passo que implementa o horror, com disseminação da tortura, supressão de direitos, fechamento do Congresso. É centrado no uso do conceito de poder constituinte e democracia que o regime se coloca, ao evocar a revolução vitoriosa, representação do povo e poder constituinte, em um simulacro democrático (PAIXÃO, 2014).

No início da década de 1980, o cenário ganhava novos tons, dessa vez impulsionado pela deterioração da base de sustentação do regime civil-militar, que fazia crer que o Brasil rumava para a democratização e também para uma nova constituição. Aarão Reis Filho classifica parte importante da grande imprensa, capitaneada por *O Estado de S.Paulo*, *Correio da Manhã* e próprio *JB*, como oposição liberal-conservadora, alinhada, por exemplo, com setores minoritários, mas expressivos, da Igreja Católica, que passou a denunciar a política econômica e as violações aos direitos humanos e democráticos. Lembramos que tanto a grande imprensa quanto a Igreja apoiaram o golpe de Estado inicialmente, atualizando suas posições à medida que o tempo passava. Os intelectuais também realizavam manifestações de oposição, mantidas na memória nacional. No plano internacional, logo foi disseminada a percepção de uma ditadura violenta em curso no Brasil, a partir das denúncias da tortura como política de Estado.

Com seus apoios corroídos, o regime iniciou o que chamou de abertura "lenta", "gradual" e "segura", tutelada pelas lideranças militares, que incluiu a bem-sucedida (para o governo) lei de autoanistia que, apesar dos embates, foi vitoriosa e impediu a realização de uma justiça de transição, assim como a responsabilização de autores de violações de direitos humanos, como torturas, desaparecimentos e execuções.

Paixão (2011) reconta que a demanda por uma constituição democrática, no contexto da ditatura, apareceu já no final de 1960. Na década seguinte, insurgiram novas manifestações que culminaram em assombrosas greves em fábricas e indústria da região do ABC paulista, com ramificações pelo país. Sobre a ditadura, pesava a pressão crescente de novos movimentos sociais, que ocupavam as ruas pela democracia, inserindo novas demandas políticas, sociais e econômicas, transformando o que era uma tímida distensão em uma efetiva agenda de abertura a partir de 1978. Houve, ainda, uma clara dissociação entre grupos militares que dominavam o Estado e a elite social, incluindo intelectuais, grupo responsável pela construção simbólica e discursiva. Nos anos 1970, parte da elite econômica rompeu com o regime, com críticas ao estatismo e burocratismo econômico, incrementando as vozes críticas ao regime e incorporando inclusive elementos do discurso da esquerda moderada, que não advogava a luta armada e a radicalização das ações.

Com novas práticas sociais em ebulição, a convocação de uma Assembleia Constituinte começou a ascender lentamente à agenda política, alavancada à medida que a transição democrática e o movimento Diretas-Já avançavam, já na década de 1980. Posteriormente, com a instalação da Assembleia Nacional Constituinte em 1987, a mobilização da sociedade civil fez com que o processo transcendesse o Congresso para conceber a Constituição Cidadã, de caráter democrático e pautado em direitos fundamentais, entre eles a participação social.

Dentro dos grupos da sociedade civil que compunham ampla convergência pela transição democrática, Napolitano identifica uma linha mais à esquerda, cuja luta comum mirava para a anistia, enquanto a oposição liberal ao regime ficava em liberdades democráticas formais (fim da censura, liberdade de expressão, manifestação e organização) e pelo direito do voto direto para cargos executivos – nesta segunda linha, poderíamos situar o tom das crônicas de Drummond no período analisado e pontuar a lacuna ao não apontar, em nenhuma crônica, a temática da anistia, da justiça de transição e a cobrança por punição aos responsáveis por violações de direitos humanos cometidas por agentes do estado.

O movimento Diretas-Já, centrado na luta pelo retorno de eleições diretas para presidente da República a partir de 1985, ganhou a sociedade e pressionou o Congresso pela aprovação da emenda constitucional proposta pelo deputado do PMDB, Dante de Oliveira. No início de 1984, dezenas de comícios reuniram milhares de pessoas em todas as grandes cidades e em algumas medianas: "300 mil pessoas em Belo Horizonte (24 de fevereiro), 250 mil em Goiânia (12 de abril), 200 mil em Porto Alegre (13 de abril). Os maiores reuniram 1 milhão de pessoas no Rio de Janeiro (10 de abril) e 1,5 milhão, em São Paulo, no comício de encerramento, em 16 de abril" (REIS FILHO, 2014, p. 144).

Apesar de ter obtido ampla maioria dos votos na Câmara dos Deputados (298 votos contra 65), a emenda Dante de Oliveira não conseguiu alcançar o quórum requerido na votação de 25 de abril de 1984, devido à ausência de 113 deputados. A frustração tomou conta da população, mas era prevista por políticos mais pragmáticos, que já articulavam o lançamento da candidatura de Tancredo Neves para a eleição indireta, construindo a seguir uma frente ampla – a Aliança Democrática – e incluindo "eminentes lideranças civis que haviam apoiado a ditadura ao longo de toda a sua existência" (REIS FILHO, 2014, p. 146).

Com a morte de Tancredo, tomou posse seu vice, José Sarney, em um processo de transição mais uma vez marcado pela tutela militar sobre as instituições. Em novembro, com a Emenda Constitucional 26, definiu-se que as eleições seguintes elegeriam parlamentares com poderes constituintes, abrindo o caminho para a restauração democrática.

Em acordo com o momento efervescente vivido pela sociedade brasileira na década de 1980, as crônicas publicadas no ano selecionado para a pesquisa são repletas de menções diretas ao movimento Diretas-Já e à expectativa por uma Assembleia Constituinte, como pode ser observado a seguir.

"**Os primeiros dias do ano novo**" (5 jan. 1984) abre o ano com uma crítica à falta de coordenação da gestão Figueiredo e à superinflação vigente na economia:

> *Estes primeiros dias exigem recato e circunspeção. O que veio foi apenas a primeira onda de aumentos disso e daquilo. Outras ondas virão durante os doze meses. À primeira vista, é uma observação pessimista. Não é. O pessimista tem a mania de exagerar ou distorcer a realidade, ao passo que o nosso João (refiro-me, é claro, ao Brandão, e não ao que está lá de cima desistindo de coordenar pois quem coordena a ausência de ordem?). (ANDRADE, 1984b)*

Em "**O Brasil não tira férias**" (8 mar. 1984), o narrador-cronista relata como o Brasil se fez presente durante o mês de férias de Drummond, ausente do *JB* por trinta dias, com citação ao movimento pela Diretas-Já e a luta pela redemocratização, com uma reflexão que aprofundava a concepção de democracia, requerendo uma constituição promulgada. No texto, o narrador drummondiano antecipa a complexificação do processo social que se resumia à demanda de eleição direta para a Presidência:

> *Vi multidões incontáveis reclamando a eleição direta para Presidente da República, e o energético advérbio "já" fazendo crer que*

> *o pleito era urgentíssimo, a fim de o General Figueiredo não se chatear mais no incômodo exercício da Presidência. Vi e ouvi tantos brados que me empolguei e me senti bradando com a multidão [...]. Exausto num fim de tarde, sentei-me na calçada e refleti: "Afinal, por que eleição direta? Para levar ao Planalto mais um Presidente armado com a Constituição remendada, reacionária e absurda que nos rege, se é que rege alguma coisa? Não seria melhor um 'Direito à Constituinte' que varresse os resíduos ditatoriais para sempre e assegurasse o pleno exercício da norma democrática?". (ANDRADE, 1984f)*

Em seguida, o narrador-cronista descreve ulcerações no tecido social brasileiro, como catástrofe em Cubatão, aumento incessante de preços com uma inflação de 230,1% nos últimos doze meses, fenômenos inovadores do neoliberalismo financeiro, como *overnight* e *open market*, além de falências, poluição das praias cariocas e a assombrosa indiferença da classe política, entrelaçando uma imagem panorâmica desoladora.

"**Duas espécies de outono**" (20 mar. 1984) busca na decadência das folhas a definição do fim do governo Figueiredo, a quem chama de General-Presidente – uma escolha que enfatiza a patente militar do líder do Executivo, marcado por "desgaste de moeda, desemprego, dívidas...". As visões positivas do outono, para ele, não se estendem ao outono da política, inclusive à perspectiva da primavera: "A fala do General-Presidente só promete para longe, para não sei quando, sem afobamentos e sem pressões ao Congresso, a mexida da Constituição que aí está, e que não é bem uma Constituição, mas antes uma colcha furada" (ANDRADE, 1984h). O trecho dialoga com a percepção sobre o "entulho autoritário": as inúmeras emendas à Constituição de 1967. A própria convocação da constituinte convocada por Castello Branco em 1966 e 1967 fora questionada por setores políticos, incluindo parlamentares do MDB, devido ao seu caráter autocrático, ainda reforçado pelo AI-5.

Em seguida, a crônica perpassa a crise interna no Poder Executivo para citar o abafamento dos sujeitos de direitos que saltam das ruas, face ao reconhecimento de atores tradicionais do fazer político brasileiro, marcado pelo patrimonialismo e pelo clientelismo, conceitos emergidos na expressão "arte de agradinhos":

> *Mas o outono político chega à singular medição de atribuir peso ínfimo de valor às centenas de milhares de brasileiros reunidos em comícios por eleições diretas, e de elevar às nuvens o sentido de festas de recepção preparadas por governantes ricos de* know how *na arte de agradinhos. (ANDRADE, 1984h)*

A menção seguinte é explícita ao período ditatorial, seguida por pistas do impacto da inflação na vida do(a) cidadão(ã) comum do longo período de autoritarismo: "Mas quem pode estabelecer a duração das estações políticas, se desde 1964 você sente frio e calor ao mesmo tempo, tenta proteger-se das intempéries econômicas e é cada vez mais assolado por elas?" (ANDRADE, 1984h).

Em "**O poeta exilado em sua pátria**" (24 mar. 1984), o narrador de Drummond estabelece pontes pela democracia na América Latina, ao dar voz ao correspondente Pablo Antonio Cuadra, poeta nicaraguense, tratando da situação do país – "não se trata de um poeta reacionário, simpatizante da antiga ditadura dos Somoza", que "hoje é vítima da discriminação estabelecida pelos sandinistas no Poder". Após transcrever trechos de carta recebida, Drummond publica um poema dedicado ao interlocutor estrangeiro, com uma mensagem fraterna e doce: "Não foi vão teu esforço em modular / Uma esperança quando a treva insiste" (ANDRADE, 1984i).

"**A mais difícil emenda de todos os tempos**" (3 abr. 1984) revela a dificuldade do governo civil-militar para chegar a um consenso sobre proposta de emenda à Constituição, convocando eleições diretas para a Presidência da República. O texto, explicitamente crítico, traz uma série de expressões que alternam entre a ironia e a crítica impaciente: "nunca se viu inibição tamanha"; "emenda anunciada, badalada, adiada, emendada"; "a previsão meteorológica indicava chuva e trovões ou céu de brigadeiro para antes? Mandou-se vir o horóscopo dos deputados do PDS, a fim de verificar qual o melhor dia para eles receberem e assimilarem a emenda". A resistência militar e a busca pela distensão sem confronto ficam claras no diálogo imaginado pelo narrador, a partir de uma reconstrução da narrativa do alto-escalão governamental: "A emenda é necessária, mas o conteúdo dela é desnecessário, pois o que nós todos nós almejamos é evitar o choque violento de tendências, que comprometa a paz da família brasileira e a estabilidade das instituições" (ANDRADE, 1984k).

O tema reaparece, dessa vez vestido como chamadas de jornal imaginárias, em "**Rápidas e sinceras**" (7 abr. 1984). O texto perpassa a situação econômica de alta inflação, desvalorização monetária, alta criminalidade e mendicância, mas a tônica da expectativa pela eleições diretas e a procrastinação da demanda popular é a mais presente: "Cometa Halley inclinado a adiar sua aparição no Brasil para depois da implantação das diretas" (ANDRADE, 1984l). Em "**Frases à venda**" (14 abr. 1984), as Diretas-Já estão de novo na página de Drummond: "O povo unido jamais será vencido", seguido pelo contraponto governista: "Cortando o **já**, estamos de acordo". O texto segue uma série de frases colhidas nas ruas, mostrando uma pluralidade de olhares e de discursos que revelam a disputa na cena política: "A Constituição, mesmo em farrapos, como a nossa, é sagrada" ou "Ninguém segura este país, exceto por decreto-lei e decurso de prazo" (ANDRADE, 1984n).

O anúncio público de um desfecho é relatado em "**Um pouco de tudo**" (19 abr. 1984), comentando o enorme intervalo para a absorção por parte do governo das demandas populares, gritadas nas ruas e sintetizadas no mote Diretas-Já:

> *O Presidente de nós todos encontrou o grande remédio para a doença nacional de carência democrática: propôs eleições diretas para 1988. Podia tê-las proposto para data mais remota, como, por exemplo, 2500, ano em que se vai comemorar o milenário do Descobrimento do Brasil. Mas foi previdente e antecipou a data, por entender que a administração do remédio não deve ser efetuado após o óbito do paciente. (ANDRADE, 1984p)*

"**Antes da votação**" (26 abr. 1984) e "**Depois da votação**" (28 abr. 1984) são duas crônicas subsequentes que abordam um momento ímpar da história recente brasileira – a expectativa para a votação, pelo Congresso Nacional, da chamada Emenda Dante de Oliveira, batizada pelo deputado que propunha eleições diretas para Presidência da República em 1985, traduzindo o afã popular pelo movimento das Diretas-Já. Conforme visto, o tema vinha povoando as crônicas de Drummond reiteradamente, mas ganhou um tom mais incisivo ao ser escrita e prensada antes da votação, mas veiculada quando já havia sido rejeitada em plenário no dia 25 de abril de 1984.

Ao criticar a proposta de um mandato-tampão, ataca diretamente os mandatos de seis anos do regime civil-militar, que "costuma tampar as liberdades por meio de cerco e censura. Pode durar vinte anos ou mais, com esse rótulo de tampão ou outro que ocorra inventar." O texto segue com uma análise da conjuntura autoritária vivida a partir de 1964, que encampa o discurso da segurança nacional ao passo que tolhe as liberdades individuais e sociais: "Inseguros, vivemos há duas décadas sob a égide da segurança nacional, que é uma espécie de tampa colocada sobre o livre exercício da vida política brasileira" (ANDRADE, 1984q).

A constante crítica a uma Constituição remendada também se coloca: "Melhor poderia rotular como emendão da Junta Militar". A conclusão adquire ares de campanha, buscando, pela primeira pessoa, a incursão do narrador no texto favorável à Emenda e postulando a uma Constituinte:

> *Só posso dizer que, se fosse deputado (felizmente não sou), eu votaria a favor da emenda Dante de Oliveira, ressalvando o ponto de vista de que a meia sola nunca é superior o par de sapatos novo em folha. Um presidente escolhido por eleição direta, sob uma Constituição fornida de preceitos autoritários e castradores do funcionamento normal das instituições, será tentado a ser Presidente como os outros, mandão e senhor do vento e da chuva. Então, a única coisa a fazer não seria tocar o tango argentino, mas convocar a Assembleia Constituinte, com poderes expressos. (ANDRADE, 1984q)*

O texto termina com uma menção irônica a um dos órgaos responsáveis pela censura: o Dentel. "Fico por aqui, desejando ao Brasil melhores dias – se este desejo não for matéria censurável pelo Dentel – Departamento Nacional de Telecomunicações, por ordem superior" (ANDRADE, 1984q). Aqui, importa relembrar que, desde 1983, as multidões passaram a ocupar as ruas, lotando comícios e em campanhas pela volta das eleições diretas, estimulada por uma crise econômica de grandes proporções. O movimento Diretas-Já foi encampado por partidos, com objetivo de pressionar o Congresso a aprovar a Emenda Dante de Oliveira.

> *Os comícios, desde o dia 12 de janeiro de 1984, vinham em uma espiral crescente e empolgante. O clima de "festa cívica", amplamente alardeado pela imprensa, parecia a antítese da multidão caótica e furiosa dos saques que tinha sacudido as cidades brasileiras menos de um ano antes. Mesmo os setores mais moderados e conservadores da opinião pública eram visíveis nos comícios, famílias inteiras e cidadãos ditos "comuns" fazendo coro pelas "diretas" junto com militantes de esquerda, sindicalistas, estudantes e ativistas dos movimentos sociais. A catarse proporcionada pela política servia para aliviar as tensões socioeconômicas e projetar um futuro no qual todos os problemas seriam resolvidos pela livre escolha do próximo presidente da República. Era o auge da pequena utopia democrática. (NAPOLITANO, 2018, p. 308)*

Próximo à votação, porém, o governo censurou a imprensa, mesmo com a vigília cívica, proibiu carros e roupas amarelas – símbolos da campanha, que terminaria em uma ampla decepção após a Frente Liberal ter orquestrado ausências de congressistas, que impediram o atingimento do quórum para votação.

"**Depois da votação**" (28 abr. 1984) traz a marca da decepção pelo resultado inesperado do Congresso. Inicia com o famoso verso do poeta, modificado para as circunstâncias políticas: "E agora, João? E agora, Ulisses? E agora, Tancredo?". O texto perpassa o nome de tantos outros atores do mundo política e alcança até influentes engajados com a causa da Diretas-Já: a cantora Fafá de Belém, o jogador Sócrates, a apresentadora infantil Xuxa; enquanto dá voz ao sentimento comum no país: "A vontade popular, expressa de maneira iniludível por multidões que encheram as praças e soltaram um clamor que surdo nenhum deixaria de ouvir, está inclinada a negociar a sua aspiração de voto imediato?" (ANDRADE, 1984r).

O reconhecimento de uma juventude que catalisa os anseios da sociedade e que passa a ocupar as ruas, expondo suas demandas em busca do reconhecimento de seus direitos como cidadãos e cidadãs, se coloca por meio de um sentimento de desolação em face da efervescência que tomou conta do país após anos de silenciamento:

> *Sente-se por toda parte a frustração popular pela batalha perdida. A consequência imediata é o desgaste maior da chamada classe política, que preferiu desencantar ainda mais o cidadão comum e em particular a mocidade brasileira, ansiosa por manifestar-se política e legalmente, após dolorosa experiência de clandestinidade. O Congresso fechou as portas de acesso à atividade democrática. (ANDRADE, 1984r)*

O texto busca uma mensagem de ânimo em apoio aos "mais moços" para buscar a renovação apesar da experiência triste e da frustração. "Desilusão e esperança continuam vivendo juntas. Vale a pena cultivar a segunda como resposta à primeira" (ANDRADE, 1984r).

"**Papo com Andréia**" (10 maio 1984) é mais uma crônica de análise da conjuntura política não anunciada, após título e abertura tão alheios. Ao divagar sobre variações meteorológicas do outono carioca, o narrador envereda por uma discussão linguística inicialmente centrada em estrangeirismos, mas que logo revela raízes políticas, a relação com a lentidão do governo para absorver as demandas populares pelas eleições diretas, que pareciam, naquele momento, não estarem próximas de se concretizar:

> *O advérbio* **já**, *por exemplo, nos últimos meses andava muito popularizado. O Planalto (que não é um planalto, mas um palácio) entendeu de substituí-lo por outro menos simpático, o* **depois**. *Agora é um Ministro que proclama: em vez de já ou depois, a pedida é* **sempre**. *Entenderam? Eu não. Um cara desconfiado me disse que às vezes* **sempre** *é pseudônimo de* **nunca**. *Adverbialmente, sinto-me desconfortável. (ANDRADE, 1984u)*

A menção é expressa ao movimento de Diretas-Já, frustrado após a negação da Emenda Dante de Oliveira. O texto percorre em seguida a "guerra intestina" entre os homens da política, inclusive dentro do partido de situação e entre oposicionistas - que "na maior parte dos seus segmentos é da mesma matéria que se fazem as situações", orientados pelos "altos interesses econômicos". O tom transita agora entre uma revelada esperança na juventude ("há, querida, uma esperancinha verde e lustrosa em você, em outras Andréias e outros Andrés que estão tomando conhecimento da vida") e uma melancolia sobre a geração madura ("veja uma confissão malogro, envolvendo minha miúda corresponsabilidade nos desconcertos nacionais"). Mas segue com preciosa orientação dos passos a seguir: romper com os conformismos e engajar-se a reconstruir a história e o país: "a boa formação cultural, o interesse vivo pelos nossos problemas, a preocupação honesta de participar e influir" (ANDRADE, 1984u).

Outras crônicas do período traziam "pipocas" - ou pílulas, no jargão jornalístico - sobre a democracia: "Democracia é a forma de governo em que o povo imagina estar no poder"; "Eleição é o processo de escolher tanto o melhor como o sofrível e até o pior, sem distinção; em não eleição, ganha o pior" (em "**Ainda o espírito da coisa**", 17 abr. 1984); ou "Instituir o lazer para quem não pode fruí-lo é um dos requintes da legislação trabalhista" ("**As coisas pelo avesso**", 1 maio 1984). "**Departamento de varejo**" (5 jun. 1984) traz mais uma série de "pipocas" drummondianas sobre a realidade brasileira: negociações sobre eleições diretas ("O Governo está disposto a restituir até Imposto de Renda, porém não a eleição direta"), disputas presidenciais, desemprego ("A falta de emprego atingiu situação-limite: há fila para candidato a desempregado"), inflação, pobreza, corrupção.

"**Universidade: fala uma professora**" (23 jun. 1984) dá voz a uma professora universitária, em forma de entrevista, sobre a greve da categoria em curso. A defesa da aplicação de 13% do orçamento federal na educação, a denúncia dos baixos salários de professores universitários e de uma série de problemas difundidos por toda a rede federal, como falta de insumos para pesquisa e de estrutura para salas de aula, além do fechamento de cursos, são recorrentemente trazidos pela interlocutora, em tendência a convencer o entrevistador (ou a opinião pública?) de que lutar por direitos é uma prática legítima. A argumentação utiliza termos comuns à repressão com uma naturalidade que hoje espanta os leitores, amparando-se em uma instituição reconhecida, o Conselho de Reitores das Universidades Brasileiras ("O conselho, você sabe, não é uma célula de agitadores"); a extensão geográfica ("E note que não é um movimento local, carioca, que por si só já seria expressivo. É do Brasil inteiro.") e temática da manifestação ("Eu ficaria aqui o dia inteiro enumerando as carências de toda sorte que afligem universidades do país, e você ficaria horrorizado, se é que ainda não está.").

O tom defensivo é ampliado no fim da argumentação: "A nossa greve é instrumento pacífico de reivindicação de direitos que não são apenas nossos. [...] Não só acho válido, como acho nobre exigir do poder público que salve de aniquilamento a universidade brasileira, em todo território nacional". Por fim, o crescente envolve o narrador em uma pergunta final: "Você acha isso absurdo ou contestatário? — Não — respondi convictamente" (ANDRADE, 1984x).

Assim, a crônica ajuda a legitimar a manifestação de professores universitários como sujeitos de direitos a lutar por algo que transcende a busca por seus próprios salários, mas pelo direto à educação superior e à pesquisa. Na "Frase do Dia", seguida à crônica, foi escolhida por Drummond trecho de *A cultura brasileira*, de Fernando de Azevedo, que trata exatamente da relação extremamente íntima entre democracia, universidades e progresso da ciência – de modo que as crises do processo democrático são acompanhadas de decadências das instituições universitárias. Com essa escolha, Drummond coloca uma leitura política bastante explícita entre a crise denunciada pela professora e a conjuntura política de origem autoritária vivida pelo país, contra a qual ele próprio se manifestava semanalmente em sua página no *JB*.

A "**Frase do dia**" (3 jul. 1984), de autoria do próprio colunista, traz novamente um apelo pela eleição direta: "A situação dominante no país considera questão fechada a sua despedida com uma última eleição indireta. Tão fechada que nem ela mesma pode dizer por que não abre" (ANDRADE, 1984y).

"**Bilhetes a diversos**" (5 jul. 1984) traz um título literal, em que o narrador escreve bilhetes a diversos políticos do momento. A Tancredo Neves, em forma de conselho, o recado sintetiza a situação brasileira: "dívida externa, inflação, pacotão de greves, desemprego, miséria, violência generalizada, crise de autoridade, injustiça social". Ao então ministro Andreazza, a ironia aponta o desprestígio de Figueiredo: "Uma ideia: obtenha do General-Presidente uma declaração de que desaprova sua candidatura" (ANDRADE, 1984z).

"**Passarinho na gaiola**" (12 jul. 1984) trata da sucessão presidencial televisionada em entrevistas e debates na TV. O texto desenvolve uma analogia entre política e pássaros, que passa pelo Palácio do Jaburu ("O direito ao voo é limitado, como tantos outros direitos das pessoas aqui fora") e alcança imagens de animais ao fundo de entrevistas, em contraponto com a História recente. "Só o coitado do passarinho de Brasília se mostrou entre grades. Reminiscência dos anos brabos do autoritarismo? Solte o bichinho, doutor – eu lhe peço" (ANDRADE, 1984aa).

Já "**Entrevistas em Brasília**" (26 jul. 1984) aborda novamente a sucessão presidencial por meio de entrevistas fictícias com os principais presidenciáveis para traçar um retrato de cada um: um Aureliano Chaves em cima do muro; preocupado em articular o PSD, Leitão de Abreu; o confiante Andreazza e seu grupo de empresários; um Maluf que oferece relógio e até dinheiro ao entrevistador; para trazer uma análise quase premonitória do que seria a estrutura da Nova República no Brasil na voz de Ulysses Guimarães: "Essa Frente Liberal, que só agora virou liberal, antes era governista e autocrática, está querendo metade da vitória e dos cargos do Governo" (ANDRADE, 1984ac).

"**É possível sair do caos?**" (16 ago. 1984) mostra uma descrença na permeabilidade de políticos à participação popular, inclusive de suas bases, em um movimento político característico do Brasil, sem *accountability*.

> *Porque as bases eleitorais, estas, nunca são consultadas, por duas razões: ou não existem, nas carreiras políticas fruto do acaso ou da longa e metódica aderência ao Poder, ou, se existirem, jamais são ouvidas nem cheiradas. Quando muito, recebem a comunicação do que foi decidido em nome delas. (ANDRADE, 1984ag)*

Em seguida, a crônica traz a baixa relação dos partidos com um ideário razoavelmente estruturado, uma ideologia comum que deveria unir os filiados: "Temos assistido à criação artificial de partidos que ao primeiro embate com a realidade se mostram ineficazes porque não têm mesmo substância para suportar e modificar a contingência política". O narrador fala da artificialidade, do esvaziamento de ideias, de modo que não há grandes distinções entre eles – um "vazio fundamental de ideias que signifiquem tomada de posição coerente perante as forças e interesses que se digladiam no mundo" (ANDRADE, 1984ag).

Nesse ponto, o narrador estabelece um paralelo entre os valores cristãos – "que pouca gente na realidade pratica" – e a repulsa aos princípios comunistas – que "pouca gente conhece e muitos confundem com a prática autoritária da União Soviética", para discutir como o socialismo é costumeiramente colado à imagem negativa do comunismo.

> *A ideia de socialismo isento de tiranias e preconceitos formais não visita o cérebro da maioria dos zeladores do nosso ideário supostamente fraternal e humanitário. Vivem explorando o fantasma comunista, que, nem pelo declínio evidente da capacidade econômica dos nossos trabalhadores de diferentes níveis, consegue materializar-se no Brasil tornando-se ameaça efetiva à ordem (?) reinante. (ANDRADE, 1984ag)*

Ao remontar ao período democrático anterior à 1964 para buscar as incoerências e contradições das disputas e negociações pelo Poder, o narrador ainda enxerga caminhos para um começo de ordenação democrática sobre as ruínas da ditadura militarista, apelando para a elaboração de "uma Constituição que seja ao mesmo tempo sinal de renovação e esperança. E ela valerá mais do que os homens" (ANDRADE, 1984ag).

* * *

Linhas e entrelinhas das crônicas drummondianas são envolvidas pelo arco poético do autor, carregam as marcas do tempo histórico, as visões de mundo daquelas gerações, suas contradições e tensões. Da produção literária analisada, saltaram olhares recorrentes dos narradores para alguns direitos humanos. O afã de apontar violações ao direito à liberdade e à liberdade de expressão exprimiram-se em tinta durante o momento mais duro da ditadura civil-militar, pós-AI-5. Já a preocupação com direitos da mulher perpassou distintos contextos, assim como a inquietação a respeito das violações do direito à cultura e ao patrimônio, dos direitos econômicos e sociais – expressa em injustiça social e na observação crítica à sociedade de consumo –, e da democracia e participação política e social.

Por meio de suas crônicas, Drummond expõe, muitas vezes de maneira sutil, com graça e gracejo, as violações reiteradamente cometidas, assim como defende direitos humanos considerados fundamentais, de acordo com cada tempo. Em alguns momentos, chega a antecipar sujeitos de direitos ainda hoje em reconhecimento, ao passo que, em outros momentos, baliza-se pela visão hegemônica de seu tempo histórico.

De modo geral, porém, encontramos nas crônicas de Drummond uma preocupação essencial com os direitos humanos, de modo tão consistente e reiterado que causava surpresa durante a análise de dados. Crônica após crônica, Drummond parecia oferecer mais e mais linhas sobre o tema da pesquisa, como se propusesse um diálogo sobre direitos humanos em dezenas de textos em que desnaturaliza o que está sedimentado em tradição, e que por isso tanto nos oprime. Ele propõe novos modos de ver, mostrando sua expectativa por uma experiência mais humanista.

Além dos direitos analisados, alguns públicos hoje identificados como vulneráveis foram tratados pelo escritor, como indígenas e pessoas idosas. "**Uma história de Xacriabás**" (31 mar. 1984), por exemplo, discute o direito indígena e dos moradores do interior do Brasil (hoje chamados de povos e comunidades tradicionais) ao seu território, com relatos de falta de assistência da Fundação Nacional do Índio (Funai), criminalidade, conflitos fundiários envolvendo posseiros e fazendeiros cuja ganância invade a terra indígena.

Já em "**Velhinhos pedem espreguiçadeiras**" (21 ago. 1984), o narrador compara as demandas por serviços públicos no Brasil e na Suíça, questionando a burocracia e ameaças contra o patrimônio público presentes também no país europeu. A crônica ressalta a percepção sobre as necessidades específicas de pessoas idosas, identificados como sujeitos de direitos, ainda hoje em reconhecimento.[8]

---

8 O Estatuto do Idoso (Lei nº 10.741) data de 2003; a Convenção Interamericana sobre a Proteção dos Direitos Humanos dos Idosos é de 2015.

Lacunas e incongruências também foram percebidas, é certo. Com o olhar do meu tempo, questionei a ambivalência sobre o lugar da mulher para os narradores drummondianos, que ora apontam para o reconhecimento da igualdade de direitos, ora não atribuem o lugar de sujeitas, conforme tratado no item sobre direitos da mulher.

A temática da diversidade sexual em geral e da homossexualidade em particular[9] é pouco tratada nas crônicas, assim como a do racismo e da valorização da memória e da cultura de nossa matriz afrodescendente. Sobre este último ponto foram identificados alguns textos que trazem expressões que denotam uma depreciação do que é negro por meio da língua, como "empretecer", usado em "**O inseguro**" (23 dez. 1969), exatamente no parágrafo que trata dos privilégios de origem social e racial. Na crônica "**Mais dois remorsos?**" (16 dez. 1969), ao defender a alocação de recursos para a Escolinha de Arte de Augusto Rodrigues, o narrador de Drummond cita que a escola é "criadora, original, de projeção no mundo inteiro (as mostras de trabalhos de seus pequeninos alunos alcançam a América, a Europa e a Ásia)" (ANDRADE, 1969n). A Oceania e, em especial, o continente africano – berço de nossa formação – foram excluídos, seja pela escola, seja pelo cronista, sem problematização. Anos depois, em 1 maio 1984, "**As coisas pelo avesso**" traz um aforismo sobre o tema, em acordo com a percepção atual: "Para suprimir o racismo seria necessário suprimir a noção de raça" (ANDRADE, 1984s).

No contexto da redemocratização, em meio a crônicas que abordavam a questão, a falta de qualquer menção à justiça de transição e à punição para os perpetradores de torturas, assassinatos e desaparecimentos em nome do Estado – autores de crimes contra a humanidade – parece mais uma pista do que hoje poderia ser compreendido como lacunas na obra, entendidas como direitos, sujeitos ou aspectos não abordados, seja por que revelavam o posicionamento de Drummond, do veículo para o qual escrevia, de seu público leitor, seja por seu tempo histórico – o que não nos é dado saber.

9 Em entrevistas, Carlos Drummond de Andrade declarou que considerava a homossexualidade como "desvio de personalidade" e "assunto de ordem médica", conforme: https://aventurasnahistoria.uol.com.br/noticias/reportagem/carlos-drummond-de-andrade-achava-que-homossexualidade-era-doenca.phtml. Em contraponto, temos o belo poema Rapto, publicado por Drummond em 1951, que concebe a homossexualidade como "outra forma de amar no acerbo amor" (ANDRADE, 2015, p. 238).

De todo modo, as crônicas, lidas assim, reunidas – e não diluídas entre o *hard news* e os classificados, dia sim, dia não, como foram originalmente apresentadas – parecem compor um álbum literário e jornalístico, como fotografias que se encaixam a ajudam a montar uma memória daqueles tempos de chumbo e de esperança. Ao tecer retratos com denúncias, desnudar discriminações, expor abismos e muros, e também revelar pequenas sutilezas de humanidade, Drummond ofertou a seus(suas) leitores(as) a possibilidade de criar e lutar por novos horizontes, novas histórias e novas memórias.

Conforme Paixão e Frisso (2016), a relação entre memória e reconciliação, entre memória e democracia não é automática, mas construída, fragilmente, lentamente, a partir do fortalecimento de uma esfera pública inclusiva, capaz de tematizar e discutir o período ditatorial. Esse diálogo foi reiteradamente proposto nas páginas do *JB* por Drummond, ao reconhecer profusos processos de vitimização em curso e ao afirmar a humanidade dos sujeitos, especialmente os marginalizados. Seus textos endossaram discursos opositores ao oficial, propagado pela ditadura para controlar o espaço público e a própria memória.

Ao reinterpretar os fatos conhecidos, buscar novos acontecimentos que não ganham a primeira página, mas que fotografam o tempo histórico, com gradações e nuances ofuscadas pela tinta preta no papel branco, as crônicas por vezes sussurraram o que se tentou calar – pelo Estado, pelo Capital, pela Tradição – irrompendo o controle linguístico e discursivo para permitir novos sentimentos, identidades e liberdades. Em *O mestre ignorante*, Jacques Rancière define emancipação como "a diferença conhecida e mantida entre as duas relações, o ato de uma inteligência que não obedece senão a ela mesma, ainda que a vontade obedeça a uma outra vontade" (RANCIÈRE, 2002, p. 26). Nesse sentido, as crônicas analisadas caminharam rumo a essa inteligência – consciência? – autônoma, emancipada, em que o(a) leitor(a) se confunde com o(a) aluno(a) que aprende por si mesmo diante de um mestre emancipador.

4. O *Sentimento do mundo* nos jornais

Entre as sete faces de Carlos Drummond de Andrade, o poeta autodeclarado *gauche* e de coração maior do que a vastidão do mundo, sobreleva seu lugar como cronista e também como humanista. Os dois aspectos enlaçam igualmente a face renomada do poeta, que cantou as grandes questões humanitárias do século XX em verso, mas também em prosa e em versiprosa, publicando rotineiramente em jornais como cronista, ofício que exerceu ao longo de 64 anos.

POEMA DO JORNAL

O fato ainda não acabou de acontecer
e já a mão nervosa do repórter
o transforma em notícia.
O marido está matando a mulher.
A mulher ensanguentada grita.
Ladrões arrombam o cofre.
A pena escreve.
A polícia dissolve o meeting.

Vem da sala de linotipos a doce música mecânica.

(ANDRADE, 2015, p. 22).

O "Poema do Jornal", publicado no primeiro livro do escritor – *Alguma Poesia*, de 1930 –, integra uma das pistas espalhadas em toda a produção literária e jornalística de Drummond que demonstrava o trânsito entre os seus dois ofícios e mesmo a admiração e identificação do poeta com a profissão de jornalista. Em entrevista dada à filha, publicada em disco em 1985, Drummond sugere como sua crônica carregava o hibridismo da poesia de circunstância, do jornalismo e mesmo das comunicações pessoais. Para ele, tratava-se de buscar aspectos não evidentes em coisas e pessoas, como o lado avesso das coisas, título dado a uma reunião de crônicas, que parece sintetizar bem seu argumento. Da escola de linotipos, Drummond colheu a linguagem marcada pela clareza, precisão e concisão, além do compromisso com o exercício diário com as palavras – e transplantou para sua poesia e sua prosa o perfume das tintas jornalísticas.

> *O jornalismo é escola de formação e de aperfeiçoamento para o escritor, isto é, para o indivíduo que sinta a compulsão de ser escritor. Ele ensina a concisão, a escolha das palavras, dá a noção do tamanho do texto, que não pode ser nem muito curto nem muito espichado. Em suma, o jornalismo é uma escola de clareza de linguagem, que exige antes clareza de pensamento. E proporciona o treino diário, a aprendizagem continuamente verificada. Não admite preguiça, que é o mal do literato entregue a si mesmo. O texto precisa saltar do papel, não pode ser um texto qualquer. Há páginas de jornal que são dos mais belos textos literários. E o escritor dificilmente faria se não tivesse a obrigação jornalística. (ANDRADE, 2008, p. 37)*

Sua compreensão sobre o papel do cronista o distinguia do repórter, pois não possuía o dever de noticiar, buscar furos e expor uma narrativa com efeito de realidade. Para Drummond, o cronista deveria, primeiramente, entreter:

> *A crônica é um gênero engraçado. Ela não tem importância. No jornal a gente quer saber a política, economia. Eu me situo nesse caderno. A função de corrigir o que há no primeiro caderno – intrigas, miséria, pobreza etc. Assim que abre o segundo caderno encontra os filmes, cantorias, uma crônica. Eu me considero uma espécie de palhaço que dá cabriolas, dá saltos e molecagens para distrair o leitor comum. (ANDRADE, 1984ap)*

No entanto, para ele, cabe ao cronista também expor o *sentimento do mundo*, ao propor assuntos e abordagens para temas delicados:

> *Episodicamente acho que o cronista é obrigado a tratar de assuntos sérios. Quando se trata de uma coisa que fere o sentimento de justiça das pessoas, uma coisa que provoca um sentimento de revolta, a gente tem que entrar com nossa colher de pau, mas isso não é o normal do cronista. (ANDRADE, 1984ap)*

Mais do que por suas entrevistas ou mesmo suas crônicas, a atuação de Drummond como humanista é amparada em sua história de vida e, primordialmente, em sua imensa obra produzida, incluindo a publicada em jornal, a qual teve uma pequena parte estudada no Capítulo 3. Conforme explica a historiadora Mariza Guerra de Andrade, "a vida de um escritor não explica inteiramente a sua obra, ainda que não se possa negar que as pistas biográficas do próprio autor conformam alguns caminhos e rotas para se chegar à obra" (ANDRADE, M., 2013, p. 68). Já a obra, essa sim está aberta para que nós, leitoras e leitores, possamos buscar interlocuções diversas entre autor e narrador, e também com seu tempo, seu espaço, ideologias e compreensões de mundo.

A abertura do livro *O observador no escritório*: páginas de diário, de 1985, aponta algumas das fontes buscadas pelo Drummond cronista para alimentar a coluna do *JB*: páginas remanescentes dos diversos diários escritos ao longo de décadas, como contou o próprio autor, que pretendia "dar ao leitor um reflexo do tempo vivido de 1943 a 1977, menos por mim do que pelas pessoas em volta, fazendo lembrar coisas literárias e políticas daquele Brasil sacudido por ventos contrários" (ANDRADE, 1985, s/p).

Os diários constituem fonte fundamental de pesquisa, pois revelam como o narrador relembra e reconstrói a vida do próprio autor. São repletos de "causos", como se diz em Minas: pequenos acontecimentos marcados pela graça, ironia ou epifania ordinária, com histórias que compõem o dia a dia da vida: conversas com o barbeiro, notícias de jornais, o arroz-com-feijão da burocracia, como projetos engavetados e trocas de chefias, além de escritos pessoais, como a alegria e orgulho pela estreia da filha como escritora. Assim, o cronista busca no cotidiano sua pauta, como em 1961: "Falta d'água no bairro. É crônica, e não sei se devemos encará-la com resignação, já que desespero não resolve. Serve de assunto para a coluna de jornal, e eis-me explorando profissionalmente a nossa miséria urbana" (ANDRADE, 1985, s/p.).

É interessante encontrar ao longo dos relatos de mais de três décadas presentes nos diários, como Drummond mantém sua lente humanista, que desconfia das estruturas e lugares sociais fixos. Em junho de 1943, ele anota um trecho que aponta a visão hipócrita de um autor que denuncia os abusos do nazismo ao mesmo tempo que rebaixa indígenas:

> *Na prisão, dormia numa "esteira imunda, sobre a qual gerações inteiras de indígenas tinham vivido como eles vivem..." O sentimento de casta, de raça superior, reponta a cada momento na confissão desse oficial que se dispõe a combater o mito racial do nazismo. Em nenhuma parte do artigo Bernanos dá a perceber que essa linguagem o surpreende ou pelo menos o molesta. (ANDRADE, 1985, s/p.)*

* * *

A extensa biografia de Drummond,[1] que viveu 85 anos, inicia-se em 1902, em Itabira, Minas Gerais, com seu nascimento no seio de uma família da oligarquia mineira, ancorada em valores profundamente patriarcais, de posições sociais bastante demarcadas. Filho do fazendeiro Carlos de Paula Andrade e de Julieta Augusta Drummond de Andrade, Carlos, ainda menino, pediu ao

---

1 Um pouco da biografia do escritor foi contado no filme de Maria de Andrade (2011), intitulado *Drummond, testemunho da experiência humana*, disponível em: http://www.projetomemoria.art.br/drummond/downloads/videodocumentario.jsp.

pai que encomendasse os 24 volumes da coleção da Biblioteca Internacional de Obras Célebres.[2] Os livros abriram para o pequeno do interior o acesso aos cânones literários da época, como Flaubert, Victor Hugo, Euclides da Cunha, entre tantos outros, ao passo que o integrava em uma comunidade universal de leitores, em uma cultura com um modo de ver e de ler o mundo.

As leituras do garoto do interior também envolveram veículos jornalísticos, como as revistas *Fon-Fon!* e *Careta*, que segundo o próprio Drummond eram lidas e relidas e fizeram sua iniciação literária – "muito imperfeita, mas decisiva" (ANDRADE, 2008, p. 28).

A adolescência foi marcada ainda pelos estudos em Itabira, depois no Colégio Arnaldo, em Belo Horizonte, e no Colégio Anchieta, em Nova Friburgo, no Rio de Janeiro, de onde Drummond foi expulso por "insubordinação mental", termo cunhado pela direção do colégio e que ficaria, zombeteiramente, impresso na narrativa um tanto *gauche* da sua biografia. Depois, chegou a cursar Farmácia, tornando-se farmacêutico – profissão que jamais exerceu.

A estreia como jornalista aconteceu em 1920, por iniciativa própria: o jovem Drummond aproximou-se do *Jornal de Minas*, localizado no andar térreo do prédio do hotel em que morava então com a família, em Belo Horizonte, depois que o pai resolvera deixar Itabira repentinamente. Foi para o veículo que Drummond apresentou seu primeiro artigo jornalístico: uma crônica sobre o filme que levara 3.222 pessoas ao Cine Pathé – Diana, a caçadora, conforme Cançado (2006).

Era o início de uma carreira de mais de sessenta anos, que seria estruturada em três vertentes: a de jornalista que escrevia assiduamente em jornais de grande circulação em Belo Horizonte e no Rio de Janeiro; a do servidor público, cuja fonte de renda era a principal para o sustento da família; e a de poeta de livros de pequenas tiragens. Em março de 1921, Drummond rumou para o *Diário de Minas*, jornal de apoio ao governo do Estado, em uma participação que duraria dez anos, muitos deles acompanhados pelos modernistas mineiros, que transformaram o jornal em laboratório. Apesar da ligação do veículo com o governo, os redatores sempre acabavam por inserir

2 Drummond cita a passagem no filme de Fernando Sabino e David Neves de 1972, intitulado *O fazendeiro do ar*.

uma notícia-paródia ou uma crônica ácida. Vivendo no bairro da Floresta, Drummond passou a integrar a comunidade que frequentava o Estrela, café imbricado na central Rua da Bahia – a rua do *footing* e da vida intelectual belorizontina – em companhia de Pedro Nava, Alberto Campos, Emílio Moura, Milton Campos, Rodrigo Mello Franco de Andrade, entre muitos outros. O grupo ia, na mesma rua, à Livraria Alves e ao Cine Odeon, que ajudaram a compreender a formação ampla e humanista daquela geração.

Em 1925, Drummond decidiu casar-se com Dolores Dutra de Morais, com quem teria um primeiro filho – Carlos Flávio, falecido logo em seguida – em 1927; e Maria Julieta, em 1928.

Ainda em BH, em 1929, o amigo Rodrigo Mello Franco de Andrade ofereceu a Drummond emprego na Secretaria de Educação, onde acabou tornando-se diretor da *Revista de Ensino*. Na época, acumulou ainda trabalho no *Diário de Minas* e na revista *Brazil-Central*. Desde o fim de 1929, era redator do *Minas Gerais*, como cronista do jornal na seção "Notas Sociais", em que assinava com os pseudônimos Antonio Crispim e Barba-Azul,[3] que certamente ajudaram a germinar o cronista que depois assinaria por décadas como C.D.A. Ao longo da década de 1920, Drummond integrou ainda o movimento de modernistas mineiros, tendo publicado "No meio do caminho" em 1928 na *Revista de Antropofagia* e seu primeiro livro – *Alguma Poesia* – em 1930.

Em 1934, convidado pelo amigo Gustavo Capanema, mudou-se para o Rio de Janeiro, onde passou a experimentar um novo lugar social, deixando em Minas Gerais o *status* de "filho do coronel" que, mesmo em Belo Horizonte, pairava sobre si. Vivendo em uma pequena vila de casas geminadas, Drummond experimentou o anonimato e também uma nova cidadania com menos privilégios. Anotaria Cançado (2006, p. 152): "Há um tipo de cidadania que se adquire não com a conquista de novos direitos, mas com a perda de prerrogativas".

---

3 As crônicas de Drummond com os pseudônimos Antônio Crispim e Barba Azul foram publicadas pela Revista do Arquivo Público Mineiro (ARQUIVO PÚBLICO MINEIRO, 1984) e, após a morte do escritor, em uma bela edição ilustrada de algumas dessas crônicas – criação editorial de José Alberto Nemer e pesquisa de texto original do arquivista Hélio Gravatá – como homenagem do Arquivo ao poeta-cronista (ANDRADE, 1987).

A década de 1930 foi marcada pela atuação burocrática de Drummond no Ministério da Educação e da Saúde, com protagonismo na escolha de um projeto modernista para a sede da pasta a ser construída na década seguinte. A patrulha contra comunistas respingou no chefe de gabinete Drummond, frequentemente apontado por membros do Governo Vargas como líder de uma célula comunista de modernistas.

Segundo João Camillo Penna, o escritor intermediou o diálogo de Capanema com intelectuais de vanguarda, que resultou na escolha de um projeto do urbanista Lúcio Costa, concretizando a contradição varguista igualmente marcada pela regressão própria da ditadura.

> *Contra essa regressão, Carlos soube utilizar a importância decorrente de seu cargo. Paradoxalmente, algumas ações realizadas pelo escritor graças à sua função no Ministério tinham objetivos radicalmente opostos aos ideais varguistas: a proteção de perseguidos políticos, a tentativa de salvamento de estrangeiros ameaçados, pequenos gestos contra a ditadura reinante. O emprego proeminente no MEC não impediria Carlos de praticar o humanismo afirmado em sua poesia. (PENNA, 2011b, s/p)*

O maior argumento de Penna, porém, está na crença de que o poeta não se submeteu ao burocrata, pois a obra por ele produzida no período era símbolo da luta antifascista, revelando a autonomia que culminaria no pedido de demissão.

Em 1940, o livro *Sentimento do mundo* foi lançamento em uma edição de 150 exemplares distribuídos clandestinamente devido à censura do período, sendo objeto de tema da *Revista Acadêmica*, o que iniciou a alçada de Drummond ao lugar de "maior poeta", título que ele próprio sempre rejeitou. A *Revista Acadêmica* fora a primeira a publicar a expressão "campo de concentração" e trazia, na edição dedicada a Drummond, uma frente literária antifascista, com depoimentos de autores como Mário de Andrade, para quem *Sentimento do mundo* era a mais profunda força de humanidade, e Murilo Mendes, que apontava a poesia drummondiana como humanista e anticonsoladora.

Em 1944, Drummond iniciaria uma aproximação com o Partido Comunista (PC), expressada em poesia e também em crônicas. No *Diário Carioca*, flertou com uma concepção anticapitalista e antirracista, ao afirmar que a poesia do futuro seria "negra, feita pelos trabalhadores brasileiros e recolhendo todo o passado de lutas e riqueza amorosa da sua raça" (CANÇADO, 2006, p. 189).

Teve participação intensa no Congresso da Associação Brasileira de Escritores, que reunia comunistas e democratas – assim denominados os que não seguiam a orientação do PC. Apesar de ser delegado pelo Rio de Janeiro, não participou do congresso, tendo emitido telegrama expondo sua "consciência literária na luta mundial pela reconquista dos direitos perdidos e pelo acesso a novas liberdades" (ANDRADE, 1985, s/p).

Durante 1944, anotou seu horror com as expressões fascistas dentro e fora do país, em contradição assombrosa com a aliança do Brasil na Segunda Guerra Mundial contra o fascismo, durante a escalada da ditadura Vargas: "Assim se comemora duplamente o aniversário de uma guerra sui generis, do fascismo interno contra o fascismo externo" (ANDRADE, 1985, s/p). No ano seguinte, com o avanço das pressões contra o regime autoritário, relatou seu desejo para que os ares da mudança atingissem o país e "a perturbar a luta elementar entre os velhos caciques brasileiros, brigados entre si, mas fiéis à mesma ideologia conservadora, hostil a todo progresso social, e implacável diante das reivindicações dos proletários e da classe média" (ANDRADE, 1985, s/p).

Na ocasião, comentou o convite para escrever em dois jornais de orientações distintas: um conservador e liberal *versus* um de esquerda: "Como irei me equilibrar entre duas posições, mantendo-me igual a mim mesmo? Começo a avaliar as dificuldades do jornalismo de opinião subordinado a orientações alheias" (ANDRADE, 1985, s/p). Pouco depois, reconhece-se como socialista, posição mantida ainda nas entrevistas dos anos 1980.

Drummond viu a tensão entre a luta antifascista tornar sua permanência na chefia de gabinete insustentável em 1945. Assim, em 14 de março, entregou sua carta de demissão, diante do desejo de militar contra o ditador, escrevendo logo em seguida um poema sobre a anistia, publicado em três jornais cariocas de destaque, poucos dias antes de Vargas assinar a anistia.

Explicaria Drummond: "A esse tempo, eu já tinha ideias de esquerda muito pronunciadas – e saí do Ministério" (MORAES NETO, 2007, p. 115).

Os dias seguiram com o envolvimento do poeta e cronista com a criação da União de Trabalhadores Intelectuais (UTI) e com sua aproximação com o líder comunista Luís Carlos Prestes, chegando a integrar a diretoria do jornal do partido, o *Tribuna Popular*, ao passo em que, internamente, Drummond questionava sua vocação para o partidarismo e o temor de ser abafado em sua liberdade de movimento e de guiar-se por si próprio, conforme mostram seus relatos em diário. Sobre o desligamento do jornal e mesmo do partido, Drummond reviveria a fala da partida, decepcionado: "Não, não posso mais continuar, porque agora já é realmente não contra minhas ideias, mas contra minha sensibilidade. Não tenho estômago para aturar" (MORAES NETO, 2007, p. 119).

Deposto Vargas, Drummond trabalharia na campanha de Cristiano Machado, que perdeu para o ex-ditador. Chamado pelo amigo, mostrou seu espírito democrático diante do perdedor que ainda tentava evitar a derrota esmagadora pela anulação do pleito a despeito da legislação eleitoral: "Isto me parece totalmente fora da realidade. A vitória de Getúlio foi esmagadora. Se anulada, em outra eleição será ainda mais estrondosa. E se não houver nova eleição, será a ilegalidade, a ditadura, o caos" (ANDRADE, 1985, s/p). Antes, Drummond havia comentado a percepção de que a luta contra o fascismo envolvia um novo empoderamento das classes trabalhadoras, agora mais conscientes e demandantes por direitos sociais: "Sente-se a total incapacidade da burguesia dominante em perceber o avanço das forças proletárias. [...] decerto não se dá conta de que o mito getulista só poderá resistir ao tempo mediante uma política social cada vez mais avançada" (ANDRADE, 1985, s/p).

Com o lançamento do livro *A rosa do povo*, Drummond é aclamado publicamente. No influente *Correio da Manhã*, jornal que se tornou referência por agregar importantes escritores e jornalistas brasileiros, é reconhecido como a figura mais revolucionária da literatura moderna. Apesar disso, amargou a desconfiança por parte de críticos que o acusaram de ter sido instrumento do Estado Novo, defendendo-se mesmo quarenta anos depois, como na entrevista dada à filha, Maria Julieta.

> *O meu vínculo era com ele, Capanema. Meu trabalho no Ministério nunca foi político. Minha função era estritamente burocrática, junto ao meu ministro. Eu nunca fiz um discurso elogiando o presidente da República, nunca escrevi um artigo elogiando o presidente da República, nunca colaborei para uma revista de cultura e literária do governo. Qual era o compromisso que tinha com a ditadura? Nenhum! Eu até secretamente amargava a minha inconformidade com os rumos da política. (ANDRADE, 1984ap)*

O mesmo discurso, que alterna entre a autodefesa e um sentimento de injustiça, sobressai na fala com Moraes Neto: "Nunca participei do poder. Nunca desejei, nunca teria vocação. Eu recebia o meu salário. Fui nomeado pelo ministro. Não era funcionário por nomeação do Presidente da República" (MORAIS NETO, 2007, p. 87).

Se os livros seguintes de poesia experimentaram novas incursões para o poeta, em *Lição de coisas* Drummond de novo iluminava os acontecimentos internacionais que assombravam a humanidade no início da década de 1960: a Guerra Fria e a ameaça da bomba atômica. Nele, "Drummond expressava no seu poema, como havia 20 anos, o máximo de espírito do tempo e da consciência possível com relação à sua época. E isso com um máximo de contemporaneidade técnico estilística", destaca Cançado (2006, p. 280).

Paralelamente, passava a bater ponto no mesmo edifício que ajudara a erguer ainda como chefe de gabinete. Sem Estado Novo, Drummond tornava-se chefe da Seção de História na Divisão de Estudos e Tombamentos no Serviço do Patrimônio Histórico e Artístico Nacional (Sphan, atual Iphan), exercendo a função de chefe do Arquivo, dividindo a sala com Lúcio Costa. Lá trabalharia até a aposentadoria em 1962, encerrando sua carreira como burocrata, profundamente vinculado à cultura e ao patrimônio histórico.

Em 1954, Drummond passou a conciliar sua rotina ao trabalho como cronista regular do *Correio da Manhã*. Na página seis do *Correio*, mostrava-se na seção Imagens em forma de crônicas, naquele que era então um renomado jornal do Rio de Janeiro, que tinha Otto Maria Carpeaux como redator e Graciliano Ramos e Aurélio Buarque de Hollanda como revisores. O convite trazia um desafio ao aclamado poeta, que, em parte, buscava referências em seus eus jornalistas do passado – Barba Azul e Antonio Crispim – ao passo que construía o cronista de quem se esperava o gênio de "A rosa do povo" (1945) em prosa, no café da manhã. Estar nos jornais três vezes por semana era um ganha-pão e também um diálogo entre Drummond e seu público como poeta, o que fomentava um interesse tanto pelas crônicas quanto pela poesia, em uma espécie de autodivulgação.

A coluna criou um estilo próprio para o cronista, em diálogo com suas leitoras e leitores e também com a realidade brasileira, em especial com a cidade do Rio de Janeiro. Como um *flanêur*, tal como João do Rio fizera na virada e começo do século XX, Drummond era um conhecido andarilho do Centro e de Copacabana, bairro onde morava, o que ajudou a criar no público a imagem indissociável entre o poeta-cronista sério, cabisbaixo, que perambulava pelo Rio, e o narrador quase sempre em primeira pessoa das páginas do jornal – assinatura que iria permanecer também no *JB*. A presença que hoje é uma estátua na orla, por muitos anos foi humana, viva, "ecumênica" (como assinalou Rubem Braga) – ou "o próprio escritor transformado em atração turística", como Drummond definiu, melancolicamente.

A relação da crônica não é apenas temporal, mas inevitavelmente geográfica, pois envolve o local de onde e para onde se olha. Assim, Drummond é também um cronista-observador dos acontecimentos da cidade do Rio de Janeiro, ao retratar mudanças de hábitos sociais e mesmo a coexistência de comportamentos contrastantes diante de um mesmo fenômeno. O cronista do Rio transita entre a cultura da mineiridade que carrega consigo, assim como o deslumbre pela capital carioca. A carreira de cronista, iniciada em Belo Horizonte, mudou-se para o Rio de Janeiro pela porta do *Correio da Manhã*, entre 1954 até 1969. Em seguida, ocupou o *JB* até 1984, experimentando os tempos áureos de prestígio da crônica e do Caderno B.

Para Beatriz Resende, a ida de Drummond para o Rio de Janeiro difere da ida de outros intelectuais, uma vez que o escritor se mudou para influenciar a vida da cidade e do país logo a princípio, pois iria trabalhar como chefe de gabinete do Ministério da Educação e da Saúde. Trata-se, assim, de uma relação de pertencimento que se desenvolve entre a cidade e o poeta, "tornado responsável pela modificação do cenário do centro da cidade e pelo triunfo do modernismo no Rio" (RESENDE, 2002, p. 79).

Nas crônicas de Drummond, problemas crônicos e antigos da cidade do Rio de Janeiro estão estampados, como questões urbanas e sociais que envolviam especulação imobiliária, favelização, falta de abastecimento de água, transporte – "pequenas intervenções na vida brasileira e mundial, em uma tarefa sutil de salvamento do humano onde quer que ele se refugie, sinalizando o perigo iminente de sua destruição terminal", definiu Rosa Gens (2011, p. 50).

No cenário conturbado do Brasil antes do golpe de Estado de 1964, Drummond parecia não ter clareza de que o país caminhava para uma ditadura, e chegou mesmo a publicar crônica no *Correio da Manhã* pedindo uma intervenção, conforme pontuado no Capítulo 3. Nos primeiros dias do novo regime, porém, logo se explicitou a violência que marca as ditaduras, com a prisão de seu amigo e colega do *Correio*, Carlos Heitor Cony, entre tantos outros perseguidos. O próprio Drummond passou a ser chamado a depor inúmeras vezes durante o ano de 1964, em inquéritos que acusavam de subversão a ex-diretora da Rádio do Ministério da Educação, com quem ele trabalhara.[4] Assim, poucos dias após o golpe, os textos de Drummond adotaram um tom bastante crítico ao regime, em escalada à medida que o autoritarismo expandia-se.

No 13º dia após o golpe de 1964, Drummond anotava em seu diário: "Baixado Ato Institucional, que atenta rudemente contra o sistema democrático. O Congresso, já tão inexpressivo, passa a ser uma pobre coisa tutelada. Vamos ver o que será das liberdades públicas" (ANDRADE, 1985, s/p). No ano seguinte, a crônica de Drummond seria intencionalmente usada para tentar impedir a prisão da cantora Nara Leão. Em 1965, após o clima se fechando contra a cantora, manifestadamente crítica à ditadura, Drummond publicou um poema na sua coluna em que se dirigia ao marechal Castello Branco para que não prendesse a cantora, fazendo ecoar um sentimento público em defesa dela e de constrangimento ao regime, que acabou funcionando.

---

4 Em seu diário de 1964, Drummond anotou: "Junho, 22 - Desagradável chamada para depor no inquérito administrativo da Rádio Ministério da Educação, em torno de alegadas 'atividades subversivas' da antiga diretora. Julho, 21 - Pela segunda vez na sede do Ministério da Educação, para depor no inquérito sobre a Rádio MEC. Às mesmas perguntas dou as mesmas respostas. Não sei de atividades subversivas da ex-diretora; nunca tive com ela o menor incidente; pelo contrário, sempre me distinguia em serviço" (ANDRADE, 1985, s/p.).

Em 1968, um atentado terrorista ao *Correio da Manhã* deixou Drummond aturdido, manifestando-se contra a extrema tolerância do governo com os grupos de direita responsáveis por ataques. Dias depois, fora baixado o AI-5, endurecendo o regime. Drummond anotou reviver outro golpe na Constituição por um marechal, suprimindo todos os direitos e garantias individuais e sociais.

> *Recomeçam as prisões, a suspensão de jornais, a censura à imprensa. Assisto com tristeza à repetição do fenômeno político crônico da vida pública brasileira, depois de tantos anos em que a violência oficial, o desprezo às normas éticas e jurídicas se manifestaram de maneira contundente, em crises repetidas e nunca assimiladas como lição. Renuncio à esperança de ver o meu país funcionando sob um regime de legalidade e tolerância. Feliz Natal... (ANDRADE, 1985, s/p)*

Dias depois, ele ainda lamentaria em seus escritos o adiamento da festa de lançamento de seu livro *Boitempo*, em conjunto com lançamentos de livros de Chico Buarque de Holanda e de Clarice Lispector.

Em 1969, Drummond pontuou no diário a visita à diretora do *Correio da Manhã*, presa em seu domicílio, e também as eleições de 15 de novembro para senadores e deputados federais e estaduais:

> *Depositei na urna, que não é urna, uma cédula com a pergunta: "Votar pra quê?" Os candidatos da Arena e do MDB se equivalem, e o Congresso é hoje uma coisa insípida, sob controle do poder militar que vigora há seis anos. Convocar eleições, reservando-se o direito de cassar os eleitos, chega a ser um ato de sadismo. (ANDRADE, 1985, s/p)*

Em outubro de 1969, Drummond deixaria finalmente o *Correio da Manhã*, depois de 28 anos de trabalho, primeiro como colaborador, depois como redator. A mudança para o *JB* oferecia um salário maior, distribuição, ressonância nacional e ainda o destaque na primeira página do novíssimo

Caderno B do *JB*, dedicado às artes e à cultura. A nova editoria casava com uma escrita mais leve, descolada do perfil noticioso do primeiro caderno, permitindo um maior escape, experimentos e arrojo.

Logo em janeiro de 1970, com poucos meses de *JB* e no auge do chamado "Milagre" brasileiro – e também da concentração de renda e da repressão, com aniquilamento de qualquer oposição, Drummond "acolhera à sua maneira a voz da Igreja, da chamada Igreja popular e da libertação" (CANÇADO, 2006, p. 313), ao publicar a crônica "**Inventário da miséria**" (15 jan. 1970), baseada em texto escrito por um bispo itabirano e publicado no boletim da arquidiocese de Itabira, dirigido às elites econômicas da cidade beneficiadas pela atuação da Vale em contraponto à pobreza do povo e devastação ambiental. O mérito do ato é comentado por Cançado:

> *O cronista aproveitava também para aludir, de forma cifrada (vigorava então uma censura brutal), aos podres poderes do* Brasil Grande *de Médici. Não foi pouca coisa, no quadro político do país do início de 1970, aludir aos monumentos e peças ideológicas do triunfalismo da ditadura, e acolher a dura epístola aos ricos escrita por um bispo mergulhado na vida popular. (CANÇADO, 2006, p. 313)*

A relação com o regime foi explicitada por ele na década de 1980, em entrevista concedida à filha, na qual revelava sua fonte de informações restrita à própria mídia impressa ("Eu analiso a política através daquilo que o jornal me traz"), sua visão pessimista sobre a política, marcada por uma decepção profunda. Passada a ebulição social que tanto pressionou por eleições diretas para a Presidência, o Brasil contentava-se em assistir uma eleição indireta com candidatos civis – e Drummond opinava:

> *Eu não me dou ao luxo de ter candidatos. Eu me reservo uma posição de crítica e de absoluta isenção. Nós hoje chegamos a um estado curioso em que os poderes da república são quatro, o Executivo, o Legislativo e o Judiciário e o Militar, sendo que o quarto porque todos os demais são subordinados a eles. Os militares são*

> *funcionários do povo, do estado brasileiro.* [...] *Quando nós vemos todos dias militar fazer uma proclamação, inclusive dizendo que são a favor da democracia como se eles pudessem ser contra! (ANDRADE, 1984ap)*

Aos 83 anos, Drummond fez sua estreia como cronista para a televisão na TV Globo, em 1986, em um projeto que reuniria escritores, mas acabou naufragando. O tema sugerido pela editoria – a ignorância dos jovens sobre a Assembleia Constituinte, apontada por uma pesquisa – foi explorado pelo autor de modo a superar o lugar-comum e o saudosismo propostos, para constatar que também os "coroas" não sabem do que se trata a discussão em curso, em uma anestesia geral. Concluiria: "Falta uma noção viva dos direitos e deveres do cidadão, depois que os primeiros foram sacrificados em proveito dos segundos" (MORAES NETO, 2007, p. 214).

Em 1987, morreu sua filha Maria Julieta, vítima de câncer. Doze dias depois, faleceria Carlos Drummond de Andrade, devido a problemas cardíacos.

"Cronista da ambiguidade"

Ao longo de sua produção literária no *JB*, Drummond constrói uma série de textos sobre seu próprio ofício, suas inspirações e intenções, oferecendo crônicas sobre crônicas e até análises sobre si mesmo enquanto cronista. Um exemplo dessa metalinguagem foi publicado em jornal e selecionada para integrar o livro *Boca de luar* (1984), com reunião de crônicas do autor, publicado quando ainda estava vivo. "**O frívolo cronista**" descreve uma carta que o narrador afirma ter recebido de um leitor de Mato Grosso (do Norte), crítico à frivolidade, marca registrada da coluna. O texto avança em tom de reconhecimento da desimportância da crônica diante dos tempos políticos duros, para relevar seu lugar de contraste com a seriedade do jornal, de maneira moderada – "nunca em doses cavalares". A longa citação traz, na voz de Drummond, a compreensão sobre o papel que ele reiteradamente atribui à sua crônica: fugaz, leve, descompromissada, quase escapista. É apenas um "canto de página que tem alguma coisa de ilha visitável".

> *No caso mínimo da crônica, o autorreconhecimento da minha ineficácia social de cronista deixa-me perfeitamente tranquilo. O jornal não me chamou para esclarecer problemas, orientar leitores, advertir governantes, pressionar o Poder Legislativo, ditar normas aos senhores do mundo. O jornal sabia-me incompetente para o desempenho destas altas missões. Contratou-me, e não vejo erro nisto, por minha incompetência e desembaraço em exercê-las.*
>
> *De fato, tenho certa prática em frivoleiras matutinas, a serem consumidas com o primeiro café. Este café costuma ser amargo, pois sobre ele desabam todas as aflições do mundo, em 54 páginas ou mais. É preciso que no meio dessa catadupa de desastres venha de roldão alguma coisa insignificante em si, mas que adquira significado pelo contraste com a monstruosidade dos desastres. Pode ser um pé de chinelo, uma pétala de flor, duas conchinhas da praia, o salto de um gafanhoto, uma caricatura, o rebolado da corista, o assobio do rapaz da lavanderia. Pode ser um verso, que não seja épico; uma citação literária isenta de pedantismo ou fingindo de pedante, mas brincando com a erudição; uma receita de doce incomível, em que figurem cantabiles de Haydn misturados com alegria e orvalho da floresta da Tijuca. Pode ser tanta coisa! Sem dosagem certa. Nunca porém em doses cavalares. Respeitemos e amemos esse nobre animal, evitando o excesso de graça. Até a frivolidade carece ter medida, linha sutil que medeia entre o sorriso e o tédio, pelo excesso de tintas ou pela repetição do efeito. (ANDRADE, 2014, p. 151-152)*

Considerando o período analisado neste livro (1969-1970 e 1983-1984), "**Hoje não escrevo**" (26 set. 1970) é mais um texto em que Drummond constrói um narrador que se confunde com o próprio cronista a divagar sobre seu ofício – de uma maneira francamente melancólica, ácida e desesperançosa. O texto se abre com a temida falta de assunto, logo corrigida: a falta de apetite para os assuntos, para abrigar uma contraposição entre escrever e agir ou mesmo entre a escrita e a vida. O tom em primeira pessoa avidamente busca um interlocutor que parece ser o próprio narrador – o próprio cronista, em conversa consigo mesmo: "O que você perde em viver, escrevinhando sobre a vida". Então a ausência de viver a vida, que havia sido colocada como uma vedação, adquire um tom de culpa, expressa em termos como "com você não é possível contar", ou até arrogante ("Superior. Divino.") para construir uma imagem mental do próprio cronista, entre pedante e comezinho: "Sim, senhor, que importância a sua: sentado aí, camisa aberta, sandálias, ar condicionado, cafezinho, dando sua opinião sobre a angústia, a revolta, o ridículo, a maluquice dos homens. Esquecido de que é um deles" (ANDRADE, 1970ar).

A divagação alcança então o efeito da literatura no mundo – "altera os fatos? muda a História?" – e parte para uma alusão a Marx e o socialismo: "Isso de escrever *O Capital* é uma coisa, derrubar as estruturas, *na raça*, é outra. E nem sequer você escreveu *O Capital*". A autocrítica prossegue na condição colocada como confortável de apenas elogiar "valentes ações dos outros" e criticar "ações nefandas". "Assim é fácil manter a consciência limpa." (ANDRADE, 1970ar) A variedade de assuntos colocados à disposição do cronista, ainda sem especialização dentro do jornalismo ("Você é o marginal ameno, sem responsabilidade na instrução ou orientação do público") atinge um tom tão crítico que nos faz considerar que poderia mesmo se tratar de ironia, de uma repetição da ideia que um senso comum pode fazer do ofício do cronista, que "não corta de verdade a barriga da vida, não revolve os intestinos da vida, fica em sua cadeira assuntando, assuntando..." (ANDRADE, 1970ar).

Já ao final de seu tempo como cronista regular, Drummond dedica um texto a analisar-se. **"O cronista da ambiguidade"** (8 maio 1984) dá voz ao narrador intitulado João Brandão, "titular-substituto" da coluna do *JB*, segundo Drummond, para anunciar o livro *Boca de luar* (1984), que acabara de ser publicado. A abertura avança sobre temas considerados importantes para apontar as contradições do país onde "generais exercem obrigatoriamente a Presidência da República e os civis brincam de videogame ou avançam na terra dos índios".

O texto é ímpar ao trazer, em uma crônica, uma análise em metalinguagem do próprio autor – na voz do narrador João Brandão – sobre sua produção como cronista. Referindo-se a si mesmo como Andrade (em vez do conhecido Drummond), ele se coloca como poeta no lugar errado: o poeta que faz concorrência a jornalistas profissionais, cujas crônicas nem sempre são crônicas. Então, o narrador coloca sua definição de cronista, como o que tem obrigação de registrar e comentar os acontecimentos públicos do dia, que ele transgride ao saltar "de um dado positivo para outro imaginário". O cronista "mineiro-copacabânico", de tendências socialistas, como ele se caracteriza, divaga sobre as intenções capciosas de Andrade – que "costuma dizer uma coisa que significa outra", e que "não se sabe ao certo se ele pensa isso ou finge que pensa, ou insinua com ironia os desacertos das condições sociais". Assim, "solta suas palavrinhas críticas, sem direção prefixada". Então, ao sintetizar seu principal DNA – a ironia –, o narrador de Drummond diz que o cronista é sonso, mineiro, em suma: cronista da ambiguidade. A síntese permeia todo o texto com expressões reiteradas: "ou não? Com ele, nunca se sabe"; "Andrade não esclarece a dúvida", "Ou será que Andrade não teve essa intenção?".

Ele trata, em seguida, do estilo escolhido, que transita entre a norma culta e o coloquial, e parece revelar uma intencionalidade na opção, ao colocar-se como "raro senhor de mais de 80 anos" e que a linguagem estilo-Ipanema o aproxima de "gatonas e rapazes de moto", para colocar uma suposição no olhar do narrador: "acho que no fundo a ambição de Andrade seria despir-se de incômoda carapaça de velhinho e sair por aí praticando inconsequências juvenis" (ANDRADE, 1984t). Sem dúvida, Drummond sabia rir de si mesmo.

O autorreconhecimento de Drummond como jornalista e escritor ficou explícito em uma de suas últimas entrevistas, como a que concedeu a Geneton Moraes Neto, em 1987, quando afirmou:

> *O jornalismo é uma forma de literatura. Eu, pelo menos, convivi - e mil escritores conviveram - com uma forma de jornalismo que me parece muito afeiçoada à criação literário: a crônica. A meu ver, o cronista tem de ser um escritor. (MORAES NETO, 2007, p. 52)*

Na mesma ocasião, Drummond conta que a função do cronista não é ser partidário político, mas apenas a de criticar, zombar, brincar com as pessoas. Lembra que costumava escrever em casa e lamenta não ter sido repórter, ao passo que evoca sua vida na burocracia estatal:

> *Como jornalista não tive a emoção da grande reportagem e dos grandes acontecimentos que eu teria de enfrentar numa fração de tempo para que a matéria saísse no dia seguinte. Não tive essa sensação no Rio de Janeiro. Por outro lado, o que é que eu fui? Fui um burocrata, um jornalista burocratizado. Não tive nenhum lance importante na minha vida. Nunca exerci um cargo que me permitisse tomar uma grande decisão política ou social ou econômica. Nunca nenhum destino ficou dependendo da minha vida ou do meu comportamento ou da minha atitude. (MORAES NETO, 2007, p. 37)*

* * *

Em Drummond, a crônica tornou-se uma fita para enlaçar as relações pessoais, como mostra o acervo vinculado ao poeta na Fundação Casa de Rui Barbosa, que guarda uma série de correspondências entre o escritor e amigos, parentes e outros intelectuais. Nos documentos, é possível perceber como as crônicas atuavam como pauta e também como elo entre remetente e destinatário. Elas inspiravam cartas, serviam de afagos do autor, que muitas vezes homenageava amigos nos textos publicados em jornal e também era acarinhado a partir das publicações.

As correspondências enviadas por Otto Lara Resende, ao longo de décadas, são reveladoras do diálogo que as crônicas estabeleciam entre autor e amigos. Em 5 de dezembro de 1972, uma carta traz o elogio ao amigo, que queria "louvar a delícia de sua crônica de hoje" (RESENDE, 1972). Dois anos depois, em 9 de abril de 1974, Lara Resende comentaria: "Acompanhando e apreciando sempre sua crônica no *JB*, a de hoje vale um louvor especial. Lavou-me a alma de contribuinte, absolutamente incapaz de entrar na intimidade dos enigmas do Imposto de Renda. Espero que o Simonsen a tenha lido e tenha pena de nós" (RESENDE, 1974).

Em 3 de outubro de 1984, dias depois da publicação da última crônica de Drummond no *JB*, Lara Resende escreve: "Outro dia, em BH, na festa de 50 anos de meu pai, um grupo de amigos comentava a sua possível saída do *JB*". Em seguida, tenta convencer o amigo a não abandonar a coluna, demonstrando afeto por meio das crônicas: "Teríamos assim a sua companhia, a que você nos habituou a ponto de criar em nós um caso típico de dependência, no sentido toxicológico" (RESENDE, 1984).

Alguns anos depois, o amigo que então trabalhava na Rede Globo, escreve novamente a Drummond, incansável por dissuadi-lo do fim da carreira como cronista. "Soube, confidencialmente, que a TV Globo quer um texto seu, regularmente. Aceite. Sua presença de cronista (periódica, quero dizer) faz muita falta" (RESENDE, 1986).

As cartas de Ziraldo para Drummond também expressam o laço de amizade que perpassava as crônicas – e mesmo poderia originar uma ligação profunda, como foi o caso entre os dois. Em entrevista a Moraes Neto, Ziraldo relembra seu primeiro contato com o poeta, ao enviar um exemplar do livro *Flicts*, em 1969, ao porteiro da rua Conselheiro Lafayette, em Copacabana, onde vivia o famoso poeta.

> *Dois dias depois, sou despertado por uma sucessão de telefonemas: "Você já leu o* Correio da Manhã *hoje?"* [...] *Fui comprar o jornal e caí do espaço. A crônica inteira do poeta era sobre meu livro.* [...] *A crônica deslanchou um processo nacional de carinho pelo livro e, a partir dela, todos – literalmente* todos *– os cronistas de* toda *a imprensa brasileira, de norte a sul, escreveram sobre o* Flicts. *(MORAES NETO, 2007, p. 262-263)*

Em 9 de setembro de 1969, último mês de publicações de Drummond no *Correio da Manhã*, Ziraldo escreve carta ao amigo-ídolo a propósito de texto que havia sido publicado a respeito do lançamento do livro *Flicts*: "Finalmente experimentei esta sensação na minha vida, com a maior saliência... Eu acho que foi a coisa mais importante que já me aconteceu. Não a sensação. A sua crônica" (PINTO, 1969).

Em mais ocasiões, as crônicas são comentadas com intensidade, como na carta de 28 de agosto de 1981: "Engraçado como a gente complica a felicidade. É só dizer obrigado e pronto. Acho porém que, complicando ou não, devo explicar mais ou menos o que se passou comigo desde o momento em que li sua crônica de ontem. Foi tudo muito bonito" (PINTO, 1981). Tempos depois, o fim dos quinze anos de *JB* também seriam lamentados por Ziraldo:

"Que tristeza me deu ler sua crônica de despedida no *Jornal do Brasil*. [...] Era bom te ver ali, todas as semanas" (PINTO, 1984).

O livro organizado pelo neto do poeta, Pedro Augusto Graña Drummond, com páginas de diários entregues por Drummond à filha, Maria Julieta, traz relatos íntimos diante de recordações de fatos corriqueiros, doenças e falecimentos de familiares, que deixam transparecer que a crônica era para o poeta e seus entes queridos um meio de expressão, mas também um vínculo cultivado em público. Os relatos, que carregam a sensibilidade de Drummond, deixam saltar das entrelinhas como o cronista valia-se da crônica para alinhavar suas relações.

No enterro de seu irmão José, Drummond comenta o agradecimento recebido por Naná – Maria das Dores, filha de Ita (Senhorinha Natália de Andrade) e Flaviano, irmão mais velho de Carlos: "Por várias vezes aludiu com gratidão à minha crônica sobre Ita, e no cemitério, ao nos despedirmos, beijou-me na face" (ANDRADE, 2017, p. 83). Dias depois, registrou o recebimento da carta de Aida, "o amor de José", com fotos do irmão. "Não recebeu a *Cadeira de balanço* que lhe enviei" (ANDRADE, 2017, p. 84), denotando o agrado – um livro de crônicas – que ele enviara à companheira do irmão.

Anos antes, o próprio Drummond havia se comovido com uma crônica publicada a propósito da morte de seu irmão Altivo, em 1961: "Crônica delicada e comovedora de João Camilo de Oliveira Torres, no Diário, de Belo Horizonte, sobre Altivo, 'um homem singular: tinha o dom de não atropelar os outros'" (ANDRADE, 2017, p. 64).

Ainda com o perfume da morte, Drummond descreve o quarto em que vivia a irmã Maria, que se suicidara, segundo anotações do próprio Drummond, em Volta Redonda, Minas Gerais, em 1969.

> *Mantinha o apartamento como um brinco, reluzente de limpeza, com todas as coisas rigorosamente arrumadas. Em sua mesinha de cabeceira, encontrei o exemplar do* Correio da Manhã *de domingo passado, com a minha crônica em verso sobre a menina internada no Hospital de Paris, que desejava receber cartões postais antes de morrer. (ANDRADE, 2017, p. 90)*

Em seguida, anota em seu diário trechos da carta do sobrinho Sílvio, filho de Maria, endereçada a Maria Julieta, agradecendo pela presença do tio no enterro e expondo a expectativa pela crônica em homenagem: "Diga a seu pai que se escrever alguma coisa sobre Mamãe, por favor mande-me cópia. Ela dizia que certamente o acontecimento seria comentado no *Correio da Manhã*" (ANDRADE, 2017, p. 91).

Drummond também registra como usou a crônica para homenagear o aniversariante de 1966, Manuel Bandeira, lembrando o segundo encontro entre ambos: "Agradeceu rapidamente o meu 'ABC manuelino', publicado no *Correio da Manhã*, e, com outros circunstantes, começou a bater palmas, que me encabularam um pouco" (ANDRADE, 2017, p. 99). Em 1968, com o falecimento do poeta pernambucano, Drummond registra que escreveu em sua memória um poema para o *Correio*.

Mais evidências do papel da crônica nos vínculos familiares povoam a reunião de correspondências enviadas pelo tio Carlos à sobrinha Favita (Flávia Andrade Goulart). Por meio de cartas, mas também de crônicas, o tio estabelecia um diálogo íntimo e afetuoso. Na carta de 1976, por exemplo, Drummond refere-se à crônica em homenagem à mãe, "A uma senhora, em seu aniversário": "Mando-lhe junto um xerox do que escrevi por ocasião do seu centenário de nascimento. Foi a maneira que arranjei para, de algum modo, comemorar a data íntima, quando eu já era o único filho sobrevivente" (ANDRADE, 2007, p. 68).

Outra carta envolve a sobrinha Favita e a esposa do sobrinho Virgílio:

> *Que presente lindo, lindo você me deu! Aquele cartão, juntamente com a chave do Pontal, oferecida por Marita, despertou em mim uma perfeita revivescência do passado. Dois pequenos objetos, tão simples, mas tão carregados de emotividade, para o último filho do casal… Adorei. E procurei expressar isso numa crônica que você deve ter lido aí no* Estado de Minas. *Para você, meu coração agradecido. (ANDRADE, 2007, p. 110)*

Em carta de 1985, ele comenta sua visão e impactos após a aposentadoria das crônicas rotineiras do *JB*, revelando uma depressão após deixar o ofício que exerceu por mais de seis décadas:

> *No mais, é a rotina de sempre na casa de dois velhinhos já bastante cansados, que veem os dias se escoarem. Andei um tanto deprimido durante dois meses, e só agora estou voltando à normalidade graças ao ALIVAL que o médico me receitou. Acho que a saída do* Jornal do Brasil *deixou-me inativo, produziu má consequência na minha saúde. É verdade que tenho feito trabalhos avulsos, mas não tenho mais aquela obrigação de escrever em dias e horas marcadas, que de certo modo era um incitamento à atividade. (ANDRADE, 2007, p. 118)*

Outro aspecto que envolve as crônicas de Drummond é trazido pelo bibliógrafo e amigo Plínio Doyle, que conta como surgiram os famosos sabadoyles, reuniões em sua casa, aos sábados, que reunia semanalmente cerca de vinte artistas e intelectuais do Rio de Janeiro em torno do poeta: "Drummond ia à minha casa consultar livros e, principalmente, as revistas que eu tinha, para tomar notas que seriam usadas nas crônicas que ele escrevia no *Correio da Manhã*" (MORAES NETO, 2007, p. 189).

Já a profunda relação de Drummond com o patrimônio histórico inspirou a criação do Arquivo-Museu de Literatura Brasileira (AMLB) da Casa de Rui Barbosa, com acervo de diversos materiais pertencentes a escritores brasileiros. Segundo o próprio AMLB, a inspiração surgiu a partir da crônica publicada em julho de 1972, em que Drummond externava sua "velha fantasia": um museu de literatura que reunisse não só papeis, mas também objetos relacionados à criação e à vida dos escritores brasileiros". "O AMLB – como Drummond imaginava o seu museu literário incita a fantasia e a criatividade dos usuários, que ali renovam as suas concepções sobre os movimentos estéticos, históricos e sobre os próprios autores, instaurando novos vínculos com o presente", afirma a página on line do arquivo museu.[5]

5 Disponível em: http://antigo.casaruibarbosa.gov.br/interna.php?ID_S=6&ID_M=4416#:-

Pelas lentes da Crítica

> *Crônica em mais de um sentido, ficção e poesia se combinam sob a regência desta, mostrando a livre circulação de um autor que, sendo altíssimo poeta e não menos alto prosador, pode transitar entre os gêneros e acima deles.*
>
> (CANDIDO, 1993, p. 18).

Enquanto Drummond subvalorizava o lugar da crônica e de si como cronista, definindo-se, por exemplo, como "o cronista de coisas fugitivas em cujas lengalenga você se deteve um instante para depois espiar a coluna social ou a página de espetáculos" ("**Coração imobiliário**", de 25 set. 1984), a crítica literária dedicada ao gênero encontra características da chamada alta literatura na produção jornalística drummondiana. O humor, uma compreensão profunda dos fatos retratados no jornal, a diluição entre testemunho e ficção, a perspectiva crítica e o uso frequente de diálogos são, para Eduardo Coelho (2013), os traços marcantes do conjunto de crônicas drummondianas do *JB*.

No posfácio de sua autoria, Coelho refere-se principalmente ao humor como um dos "mecanismos mais vigorosos com que emenda a tragicidade das manchetes do primeiro caderno" (COELHO, 2013, p. 261), além de agir como atenuante, ao lado do coloquialismo, para trazer uma dimensão crítica às crônicas, muitas vezes construídas a partir de uma narrativa ficcional baseada em fatos históricos ou na observação da realidade, levando uma outra via de conscientização a quem lê o jornal.

Na análise de Candido, toda a obra drummondiana é marcada pelo trânsito entre os tipos de produção, com acento narrativo na poesia, "isso, para não falar dos limites fluidos da crônica propriamente dita, onde poesia e ficção se misturam a fim de produzir figuras variadas em torno da anedota, o caso singular, a cena de rua" (CANDIDO, 1993, p. 14), insinuando poemas nas crônicas compiladas em "O poder ultrajovem" ou "Caminhos de João Brandão"; enquanto carregava tonalidades de crônica a "Boitempo" e "A paixão medida". A prosa do poeta aguçava reflexões e denúncias, muitas vezes

---

~:text=Fundado%20em%201972%2C%20o%20Arquivo,11%20de%20julho%20daquele%20ano.

deixando a gratuidade da circunstância para se tornar, conforme Candido, poema, estudo, autobiografia, ao passo que atenuava a força tensorial, buscando pela prosa e pela palavra um caminho mais leve. Ainda assim, persistem as temáticas de toda a obra de Drummond: "a terra natal, a família, o mal-estar pelo desconcerto do mundo, o desejo de vê-lo humanizado, a revolta com as coisas como estão, o divertimento em face do ridículo, a matreira redução da pompa à piada" (CANDIDO, 1993, p. 19).

Para Célia Silva, o narrador de Drummond extrapola a narrativa mais cotidiana e menos ficcional típica da crônica para construir um texto moldado na não-notícia que se aproxima (ou se realiza) em conto, ora transita para a própria poesia, superando as definições textuais habituais e deixando as marcas subjetivas do autor em toda a obra:

> *No conjunto da produção literária drummondiana, verifica-se, portanto, que o prosador não se distancia muito do poeta. Aspectos recorrentes na obra poética de Drummond como a ironia, o humor, a metalinguagem, a presença do insólito nas situações cotidianas, o engajamento político-social, os disfarces* gauches, *o sentimento de mundo, a linguagem concisa, precisa, densa, sugestiva também se fazem presentes em sua prosa. (SILVA, 2008, p. 217)*

A análise de Maria Helena Pinho segue no mesmo sentido, ao tratar da transição de gêneros do poeta-cronista, que rompe com as tradicionais conceituações de gênero ao trazer, na poesia, elementos referenciais da prosa, enquanto traz a poeticidade em sua prosa – "em especial na crônica, vista como prosa de raiz poética, cuja marca caracteriza-se pela ênfase da mensagem a função poética" (PINHO, 2011, p. 14-15).

Flora Süssekind (1993) enxerga aspectos semelhantes nas incursões de Drummond pelos livros e pelos jornais. Para ela, a opção pelo circunstancial, pelo coloquialismo e pela temática do cotidiano visava à maior proximidade entre cronista e leitor(a) – e igualmente entre jornalismo e poesia. O resultado foi a criação de duplicidade entre cronista e poeta, que ajudou a formar a unanimidade que se formou em torno de Drummond e na formação desse pacto de não estranhamento, de um modo de ver as coisas e o cotidiano semelhante ao de qualquer leitor potencial dos jornais onde Drummond trabalhou regularmente desde os anos 1920 até 1984. Para Süssekind, o texto de jornal trabalhou ainda como restauração, como se a crônica fosse uma mediação entre poeta e público, para recuperar "laços rompidos com o público pela poesia 'opaca' e 'difícil' da modernidade" (SÜSSEKIND, 1993, p. 264).

Já Beatriz Resende destaca os grandes momentos vividos por Drummond nos quinze anos publicando *JB*, com a crônica desfrutando de seus momentos de grande prestígio, assim como a simbiose entre o texto e dispositivo – a mídia que a leva a crônica ao público. A análise de Resende sobre a produção jornalística de Drummond ainda atribui ao autor o reconhecimento do gênero crônica pelo meio acadêmico. Para a autora, são características das crônicas drummondianas uma marcação reiterada sobre o momento político, assim como um dos traços mais marcantes do autor: o humor.

Alexandre Pilati (2007) aborda em seu estudo a presença do Brasil na poesia de Drummond, que passou a utilizar recursos modernistas – de vanguarda então – para discutir e aprofundar as questões do país, a partir da sua profunda compreensão histórica e social. Pilati destaca como o mundo patriarcal e a modernização periférica estão em primeiro plano na poética drummondiana, a partir de uma dimensão política que reconhece o eu-lírico de Drummond pertencente ao grupo social de uma oligarquia rural obrigada a se reorganizar a partir do início do século XX.

> *Trata-se de uma representação do mundo e de si mesmo inquieta e pautada pela dúvida. Assim, o país apresentado por Drummond é o das classes sociais, mais do que a pátria pitoresca e mítica da "cor local". Seu realismo é soma de valor estético universal (dado o desembaraço no uso das conquistas estéticas da vanguarda) e conhecimento profundo da realidade histórica brasileira. (PILATI, 2007, p. 23)*

O cronista era também exímio chargista, segundo Ziraldo, que se orgulha de ter identificado mais um talento do poeta. Em entrevista a Geneton Moraes Neto, Ziraldo relembra quando, em 1981, sem inspiração para seu trabalho no *JB*, resolveu ler a seção de Drummond: "Lá estavam, sob o título de 'O pipoqueiro da esquina', suas secas e cortantes observações sobre o momento político nacional, caso por caso. Descobri que não eram apenas frases ferinas, mas descobertas do mesmo mecanismo de criação que *inventa* a charge" (MORAES NETO, 2007, p. 256). Os textos traziam mais do que a presença do humor, mas uma charge nítida, explícita, que ninguém havia detectado – resultando no livro em coautoria, publicado no mesmo ano.

Figuras 10, 11 e 12 – Charges de Drummond e Ziraldo publicadas no livro O pipoqueiro da esquina. *Fonte: ANDRADE; PINTO, 1981, p. 9, 27 e 91.*

João Camillo Penna destaca que não se compreende a vida de Drummond de Andrade sem que seja considerada sua atividade nos jornais. Ele observa ainda um movimento interessante, a partir da decepção experimentada após a breve incursão na *Tribuna Popular*, do Partido Comunista, que coincidiu com algum afastamento de sua poesia em relação aos temas sociais. Para Penna, esse afastamento não corresponde, contudo, a um abandono das preocupações com a temática, mas são transferidos para a página do cronista: "Ocorre uma espécie de complementaridade entre os temas coletivos discutidos em prosa e o crescente afastamento da poesia em relação aos temas sociais, na sequência da 'desilusão' do poeta com o programa de solidariedade pela militância política" (PENNA, 2011b, s/p).

Com a mudança para o *JB*, a página de Drummond saltou do caderno principal para o cultural, trazendo uma mudança nos temas e no escopo dos textos: mais leves, mas ainda em diálogo com o espaço urbano. Penna nota que, para Drummond, o jornal é mais do que meio de divulgação da obra. Ele é tema, metalinguagem e inspiração para obter clareza, concisão e corte preciso, tão caros à toda a obra drummondiana. Para o crítico, as reuniões de crônicas selecionadas por Drummond para comporem livros não permitem perceber com clareza o que elas significavam ao serem publicadas dia sim, dia não nas páginas do jornal, firmando o que ele chama de Drummond cívico, relacionado ao poeta público (PENNA, 2011c, p. 25). Assim, faz-se a relação da crônica com os acontecimentos de seu tempo e a atuação de Drummond nos fatos, como cidadão que utiliza seu texto e seu espaço nos jornais para intervir na realidade, a partir de uma perspectiva republicana, democrata e impessoal, singularizada em seu João Brandão.

O humor caracteriza-se como marca do texto drummondiano nos jornais, consolidando um elemento corrosivo e igualmente engajado, que constrói uma ação pública não pela via da utopia, mas pelo cotidiano nos fatos. É interessante notar que Drummond explora os limites na poesia, mas também na prosa, justamente por fazer um gênero invadir o outro, levando as manchetes para os versos, a erudição e o lirismo para o jornal que embrulha o peixe, que alimenta as massas no desejo pelo novo e pela ilusão de domínio dos fatos.

A crítica literária efetuada pelos amigos é aquela que parece descrever melhor a lírica de Drummond, pois foi Manuel Bandeira quem relevou como o ordinário, a ironia e a ternura agem nos textos do mineiro como um jogo de alavancas de estabilização, sem manobras falsas. Já Hélio Pellegrino, psiquiatra e psicanalista, resumiu que escrever foi para Drummond um instrumento de cura, de evolução pessoal como ser humano e como ser psíquico.

O lutador

A limpidez sobre o traço humanístico de Drummond em toda sua produção literária e jornalística torna-se evidente quando nos aproximamos de suas crônicas. A atuação como poeta, jornalista, cronista e burocrata funde-se em uma luta incansável, por meio das palavras, mal rompidas as manhãs de quase todo o século XX.

Através das crônicas, especificamente, apanhou palavras para seu sustento, em um movimento que transformou de algum modo o mundo e os sentimentos de leitoras e leitores através das gerações. Às vezes em leituras esporádicas coladas ao calor do fato e impressas no jornal "que embrulhou peixe"; às vezes soltas do seu tempo e presas a uma edição de um livro publicado décadas depois; entretanto, a maior parte das crônicas se decompôs. Estão gravadas apenas na Casa de Rui Barbosa[6], no Rio de Janeiro, quiçá na memória de alguns, um tanto etéreas. Mas ensinou-me Drummond que de tudo fica um pouco, e essa comunicação perene marcou o lugar do escritor no mundo, soldado aos direitos humanos. Seus poemas e certamente suas crônicas construíram uma disposição libertadora no diamante ético de que trata Herrera Flores. Para o teórico espanhol, o conceito de disposição envolve um conjunto de atitudes sociais sob o qual se toma consciência da posição que se ocupa nos processos materiais nos quais estamos inseridos. A partir dessa tomada de consciência, é possível adotar uma postura conservadora ou emancipadora de prática social.

Pela biografia do poeta-cronista, percebemos que ocupou uma posição privilegiada nos processos de divisão social, ao nascer em uma família da

6 Instituição preservacionista, com papel ímpar para o país, e que ora resiste para sobreviver.

oligarquia do sudeste brasileiro, segundo o modelo patriarcal, como um homem branco e heterossexual. Em que pese a relativa disponibilidade de capital econômico, as relações sociais e também as capacidades culturais e simbólicas que puderam ser desenvolvidas, Drummond escolheu ou foi impelido a ser *gauche*[7] e estar do lado dos oprimidos, quem quer que fossem. Ao lutar sobre a dor, ele reconhece as perdas e as repovoa pela palavra, sem nostalgia, buscando na memória a potência de reavivar o que restou, as relações entre os viventes, diante de uma compreensão de pertencimento social fraterno, igualitário.

Ilustram meu argumento as crônicas analisadas nesta pesquisa, mas também as fitas cassetes gravadas com a mulher com quem se relacionou por 36 anos em caso extraconjugal, Lygia Fernandes. Na entrevista caseira, Drummond aponta sua preocupação com os direitos dos animais, expressa em crônicas do *JB*, dirigida a um papagaio vizinho que vivia preso: "É uma coisa dolorosa ver como um bicho pode ser: ficar preso, acorrentado, constitui uma das torturas inquisitoriais mais terríveis" (MORAES NETO, 2007, p. 374). O áudio traz ainda uma visão complexa de Drummond sobre criminosos. Questionado se era "a favor dos bandidos", Drummond responde: "Quem é a favor dos bandidos é a sociedade – que os cria, os cultiva e faz com que eles se projetem na vida brasileira. O bandido é uma consequência da organização social". Ao discutir o poema Clorindo Gato, dedicado a um fora-da-lei, Drummond comenta: "o conceito de banditismo é precário e discutível. Quem é bandido? É o homem que oprime ou o homem que é oprimido?" (MORAES NETO, 2007, p. 383).

As fitas cassetes são entrevistas feitas na intimidade, para não serem publicadas. Apenas no fim da vida, Drummond aceitou conceder a maior parte de suas entrevistas públicas, pois até então dizia que o que tinha para dizer estava em sua página nos jornais. Não é sem valor, portanto, o que as crônicas traziam. Seu conhecido lado reservado ele diz ter surgido a partir de 1945,

---

7 A expressão em francês utilizada no "Poema das sete faces" (1930) pode ser relacionada à posição política do escritor, que se declarava socialista, chegando a afirmar em entrevista: "O partido que eu gostaria de ver implantado no Brasil, com condições de realmente assumir o poder com partidos mais burgueses, seria o Partido Socialista" (CANÇADO, 2004, p. 68).

após deixar a chefia de gabinete do Ministério da Educação e realizar uma incursão política no Partido Comunista:

> *Tentei comparecer a atos públicos, tentei realmente participar da atividade comunista, mas, depois de alguns meses, me desencantei. A partir de então, me cerrei, porque, terminada minha vida de funcionário público e iniciada a de puramente jornalista, achei que, ao dar as minhas opiniões e os meus palpites - que nunca me neguei a dar - na minha crônica e no meu palmo de coluna assinado, eu mantinha contato com o público, o que é o mais correto.* [...] *Toda vez que um repórter me procurava para pedir uma opinião, eu dizia assim: "A minha opinião saiu na minha coluna". (CANÇADO, 2006, p. 54-55)*

A porção jornalista de Drummond lidou com acontecimentos históricos e conviveu lado a lado nos jornais em diálogo e tensão entre fato e literatura, alternando entre o factual e o ficcional, entre a busca da objetividade e a entrega do subjetivismo. Penna pontua que não devemos nos deixar enganar com a ironia da autodesqualificação do Drummond cronista, afinal, a crônica é mais eficaz quanto menos levada a sério, estabelecendo um diálogo aberto, aparentemente despropositado, informal, sobre o qual conseguimos perceber a intencionalidade e os compromissos do autor ao analisar as crônicas lado a lado, como no exercício do Capítulo 3. Para Cançado, Drummond cantou quase tudo do século XX e do Brasil, sem fugir do mínimo ou recusar-se ao grande, "cantou dando aos seus objetos uma qualidade e uma cifra que fizeram com que eles se incorporassem ao nosso fatal lado esquerdo" (CANÇADO, 2006, p. 356).

O aclamado "maior poeta", título que recusou durante toda a vida e ironizou em seu diário, em 1955, ao dizer que essa ficção "lembra anúncio do melhor produto - sabonete, refrigerante, calçado anatômico..." (ANDRADE, 1985, s/p), é certamente um dos grandes cronistas brasileiros do século XX, que se salvou pela escrita e intentou salvar-nos a seu modo, contribuindo cotidianamente e por anos a fio, comprometido com a luta pelos direitos humanos. Sem comemorações ingênuas e patrióticas, valeu-se das *blagues*, de um texto depurado e ao mesmo tempo simples para construir um campo de força que lançou luzes pela democracia e pela emancipação do povo brasileiro.

Este livro, portanto, aponta como a literatura e os direitos humanos podem iluminar-se mutuamente. Ao longo da tessitura, enfrentei o desafio de visitar os horrores da nossa História marcada por assassinatos, torturas, perseguições, espoliação da nossa população, em um cenário de censura, autoritarismo e violências generalizadas realizadas pelas mãos do Estado brasileiro durante a ditadura civil-militar. Ao mesmo tempo, confrontei o medo e tentei evitar o adoecimento de que tratou a jornalista Eliane Brum (2019), cronista deste século XXI, que discute como enfrentar o horror e como resistir a um cotidiano em que a verdade é destruída dia após dia pela figura máxima do poder republicano.

É Brum quem cita o diálogo contado por Rinaldo Voltolini entre Albert Einstein e Sigmund Freud: "Quando Einstein pergunta a Freud como seria possível deter o processo que leva à guerra, Freud responde que tudo o que favorece a cultura combate a guerra", reconta, ao afirmar que a cultura não é algo distante nem algo que pertence às elites, mas sim o que nos faz humanos. Para ela, cultura é a palavra que nos apalavra e, então, deve ser recuperada como mediadora, coletivamente, "reamarrando os laços para fazer comunidade". Pois ficou nítido aos meus olhos que Drummond teceu palavras e enlaçou familiares, amigos e amigas, leitores e leitoras pela poesia e pela crônica, construindo uma civilização mais justa e igualitária. Revisitar seus textos e trazê-los aqui é uma forma de alumbramento, um meio de lutar e de alimentar as certezas, reacender o ânimo, resgatar no âmago as forças para enfrentarmos os fundamentalismos de 2020 por meio de palavras que iluminem.

É possível que o próprio Drummond me contradissesse, pois não declinava ao questionamento: "Eu me atrevo a questionar a legitimidade da literatura como valor humano", afirmando que "os romances, os poemas, os quadros, os nobres edifícios não evitaram nem atenuaram a barbárie extrema de certas épocas", o que lhe dava uma "sensação inconfortável da inutilidade vaidosa do ato de escrever" (ANDRADE, 2008, p. 93). Em um dia de humor mais doce, entretanto, ele pontuou que o que há de mais importante na literatura é justamente a comunhão estabelecida entre os seres humanos, ainda que à distância, ainda que entre vivos e mortos (ANDRADE, 2008). Pois, ao transmutar o tempo, aqui estamos, discutindo crônicas escritas há mais de trinta anos, de um autor que já partiu e que deixou uma obra sobre o coração da cultura e do patrimônio brasileiros. No passado encontramos iluminuras para o presente, diante da necessidade perene de afirmar direitos humanos. Às leitoras e leitores, proponho compartilhar e também encontrar outros e novos sentidos nas crônicas drummondianas.

Referências

ANDRADE, Carlos Drummond de. *O observador no escritório*: páginas de diário. Rio de Janeiro: Record, 1985.

ANDRADE, Carlos Drummond de. *Entrevistas à Maria Julieta (1984)*. Rio de Janeiro. Disponível em: http://www.projetomemoria.art.br/drummond/midia/entrevistas-a-maria-julieta-1984.jsp. Acesso em: 15 jan. 2020.

ANDRADE, Carlos Drummond de. *Crônicas*: 1930-1934. Belo Horizonte: Arquivo Público Mineiro, 1987.

ANDRADE, Carlos Drummond de. *Drummond, frente e verso*: fotobiografia de Carlos Drummond de Andrade. Seleção de textos e introdução de Salvador Monteiro e Leonel Kaz. Rio de Janeiro: Alumbramento: Livroarte Editora, 1989.

ANDRADE, Carlos Drummond de. *Querida Favita*: cartas inéditas. Uberlândia: Edufu, 2007.

ANDRADE, Carlos Drummond de. *Tempo vida poesia*. Rio de Janeiro: Record, 2008.

ANDRADE, Carlos Drummond de. *De notícias e não notícias faz-se a crônica*: histórias – diálogos – divagações. São Paulo: Companhia das Letras, 2013.

ANDRADE, Carlos Drummond de. *Boca de luar*. São Paulo: Companhia das Letras, 2014.

ANDRADE, Carlos Drummond de. *Nova reunião*: 23 livros de poesia. São Paulo: Companhia das Letras, 2015.

ANDRADE, Carlos Drummond de. *Uma forma de saudade*: páginas de diário. São Paulo: Companhia das Letras, 2017.

ANDRADE, Carlos Drummond de; PINTO, Ziraldo Alves. *O pipoqueiro da esquina*. São Paulo: Círculo do Livro, 1981.

ANDRADE, Mariza Guerra de. *Anel encarnado*: biografia e história em Raimundo Magalhães Junior. Belo Horizonte: Autêntica, 2013.

ARQUIVO PÚBLICO MINEIRO. *Revista do Arquivo Público Mineiro*. Belo Horizonte: Imprensa Oficial de Minas Gerais, ano XXXV, 1984. Disponível em: http://www.siaapm.cultura.mg.gov.br/modules/rapm/capas_registros.php?op=exibirRegistros&capa=27&start=0.

ARRIGUCCI JR., Davi. *Enigma e comentário*. São Paulo: Companhia das Letras, 1987. p. 51-66.

BENJAMIN, Walter. O narrador: considerações sobre a obra de Nikolai Leskov. *In*: BENJAMIN, Walter. *Magia e técnica, arte e política*. São Paulo: Brasiliense, 1987. Obras escolhidas, v. 1, p. 197-221.

BOBBIO, Norberto. *A era dos direitos*. Rio de Janeiro: Elsevier, 2004.

BRASIL. Lei nº 6.683, de 28 de agosto de 1979. Disponível em: http://www.planalto.gov.br/ccivil_03/leis/L6683.htm. Acesso em: 4 jun. 2019.

BRASIL. COMISSÃO NACIONAL DA VERDADE. *Relatório*. Recurso eletrônico. Brasília: CNV, 2014. 976 p. Relatório da Comissão Nacional da Verdade, v. 1. Disponível em: http://www.memoriasreveladas.gov.br/administrator/components/com_simplefilemanager/uploads/CNV/relatório cnv volume_1_digital.pdf.

BURKE, Peter. *Uma história social do conhecimento*: de Gutenberg a Diderot. Rio de Janeiro: Jorge Zahar Editor, 2003.

CANÇADO, José Maria. *Os sapatos de Orfeu*. São Paulo: Globo, 2006.

CANDIDO, Antonio. *A personagem de ficção*. São Paulo: Perspectiva, 1976.

CANDIDO, Antonio. Direitos humanos e literatura. *In*: FESTER, A. C. *Direitos humanos e...* São Paulo: Brasiliense, 1989.

CANDIDO, Antonio. A vida ao rés-do-chão. *In*: CANDIDO, Antonio Candido *et al*. *A crônica*: o gênero, sua fixação e suas transformações no Brasil. Campinas, SP: Editora da Unicamp; Rio de Janeiro: Fundação Casa de Rui Barbosa, 1992. p. 13-22.

CANDIDO, Antonio. *Recortes*. São Paulo: Companhia das Letras, 1993.

CANDIDO, Antonio. *Literatura e sociedade*: estudos de teoria e história literária. 8. ed. São Paulo: T. A. Queiroz Editora, 2000.

CANDIDO, Antonio. A vida ao rés do chão. *In*: *Para gostar de ler*: crônicas 5. São Paulo: Ática, 2003. Disponível em: https://grad.letras.ufmg.br/arquivos/monitoria/Antonio%20Candido%20A%20VIDA%20AO%20R%C3%89S%20DO%20CH%C3%83O.pdf. Acesso em: 8 fev. 2022.

CANDIDO, Antonio. Direitos à literatura. *In*: CANDIDO, Antonio. *Vários escritos*. São Paulo: Duas Cidades; Rio de Janeiro: Ouro sobre Azul, 2004.

CARDOSO, Marília Rothier. Moda da crônica: frívola e cruel. *In*: CANDIDO, Antonio *et al*. *A crônica*: o gênero, sua fixação e suas transformações no Brasil. Campinas, SP: Editora da Unicamp; Rio de Janeiro: Fundação Casa de Rui Barbosa, 1992. p. 130-143.

CARVALHO NETTO, M. A contribuição do direito achado na rua para um constitucionalismo democrático. *Observatório da Constituição e da Democracia*, C&D, Brasília, Faculdade de Direito da UnB/Sindjus, n. 14, 2007, p. 3.

CARVALHO NETTO, Menelick de; SCOTTI, Guilherme. *Os direitos fundamentais e a (in)certeza do direito*. Belo Horizonte: Editora Fórum, 2011.

COELHO, Eduardo. As cabriolas de Carlos Drummond de Andrade. *In*: ANDRADE, Carlos Drummond de. *De notícias e não-notícias faz-se a crônica*. São Paulo: Companhia das Letras, 2013.

DRUMMOND, testemunho da experiência humana. Direção: Maria de Andrade. Rio de Janeiro: FCRB, 2011. Disponível em: http://www.

projetomemoria.art.br/drummond/downloads/videodocumentario.jsp. Acesso em: 29 jul. 2019.

FERREIRA, Marieta de Morais; MONTALVÃO, Sérgio. Jornal do Brasil. *In*: ABREU, Alzira Alves de (coord.). *Dicionário histórico-biográfico brasileiro pós-1930*. Rio de Janeiro: Editora FGV; CPDOC, 2001. v. 3. Disponível em: http://www.fgv.br/cpdoc/acervo/dicionarios/verbete-tematico/jornal-do-brasil. Acesso em: 7 ago. 2019.

GENS, Rosa; DIAS, Ana Crelia; SANTANA, Manoel; ALKIMIN, Martha. *Drummond, testemunho da experiência humana*. Brasília: Abravideo, 2011. Disponível em: http://www.projetomemoria.art.br/drummond/downloads/material-pedagogico/AlmanaqueCarlosDrummondSite.pdf. Acesso em: 6 ago. 2019.

GODOY, Arnaldo Sampaio de Moraes. Direito e literatura. Os pais fundadores: John Henry Wigmore, Benjamin Nathan Cardozo e Lon Fuller. *Jus Navigandi*, Teresina, ano 12, n. 1438, 9 jun. 2007. Disponível em: http://www.egov.ufsc.br/portal/sites/default/files/anexos/25388-25390-1-PB.pdf. Acesso em: 4 jun. 2019.

HABERMAS, Jürgen. El conceito de dignidad humana y la utopía realista de los direitos humanos. *Metaphilosophy*, v. 4, n. 4, p. 464-480, jul. 2010. Disponível em: https://onlinelibrary.wiley.com/doi/full/10.1111/j.1467-9973.2010.01648.x. Tradução provisória: Menelick de Carvalho Netto. Acesso em: 4 jun. 2019. (Original em inglês: *The concept of human dignity and the reatic utopia of human rights*.)

HABERMAS, Jürgen. *Mudança estrutural da esfera pública*. São Paulo: Editora Unesp, 2014.

HERRERA FLORES, Joaquín. *A reinvenção dos direitos humanos*. Florianópolis: Fundação Boiteux, 2009.

HUNT, Lynn. *A invenção dos direitos humanos*: uma história. São Paulo: Companhia das Letras, 2009.

JÁCOME, Phellipy; VIEIRA, Itala Maduell. O lado B do jornalismo: como os cadernos culturais entram na história. *Contracampo*, Niterói, v. 37, n. 3, dez. 2018/mar. 2019. Disponível em: https://periodicos.uff.br/contracampo/article/view/19456. Acesso em: 15 jun. 2019.

MADUELL, Itala. O jornal como lugar de memória: reflexões sobre a memória social na prática jornalística. *Revista Brasileira de História da Mídia*, Dossiê Temático: Conceitos na (para) a História da Comunicação, v. 4, n. 1, p. 31-39, jan.-jun. 2015. Disponível em: https://revistas.ufpi.br/index.php/rbhm/issue/view/221. Acesso em: 15 jun. 2019.

MANNARINO, Ana de Gusmão. A reforma do *Jornal do Brasil*. *In*: MANNARINO, Ana de Gusmão. *Amílcar de Castro e a página neoconcreta*. Orientadora: Cecília Martins de Mello. 2006. 147 f. Dissertação (Mestrado em História Social da Cultura) – Pontifícia Universidade Católica do Rio de Janeiro, Rio de Janeiro, 2006. p. 46-58. Disponível em: http://www2.dbd.puc-rio.br/pergamum/tesesabertas/0410535_06_cap_03.pdf. Acesso em: 15 jun. 2019.

MASCARO, Laura Degaspare Monte. *O papel da literatura na promoção e efetivação dos direitos humanos*. Orientador: Ari Marcelo Solon. 2011. 215 f. Dissertação (Mestrado em Filosofia e Teoria Geral do Direito) – Faculdade de Direito, Universidade de São Paulo, São Paulo, 2011. Disponível em: http://www.teses.usp.br/teses/disponiveis/2/2139/tde-02052012-155032/pt-br.php. Acesso em: 4 jun. 2019.

MEYER, Marlyse. Voláteis e versáteis: de variedades e folhetins se fez a chronica. *In*: CANDIDO, Antonio *et al*. *A crônica*: o gênero, sua fixação e suas transformações no Brasil. Campinas, SP: Editora da Unicamp; Rio de Janeiro: Fundação Casa de Rui Barbosa, 1992. p. 93-134.

MORAES NETO, Geneton. *Dossiê Drummond*. 2. ed. rev. ampl. São Paulo: Globo, 2007.

MORIN, Edgar. *Cultura de massas no século 20*: o espírito do tempo. Rio de Janeiro: Forense Universitária, 1990.

NAÇÕES UNIDAS. *Declaração Universal dos Direitos Humanos*. 10 dez. 1948. Disponível em: https://www.ohchr.org/EN/UDHR/Pages/Language.aspx?LangID=por. Acesso em: 16 fev. 2022.

NAPOLITANO, Marcos. *1964*: história do regime militar brasileiro. São Paulo: Contexto, 2018.

NEVES, Margarida de Souza. Uma escrita do tempo: memória, ordem e progresso nas crônicas cariocas. *In*: CANDIDO, Antonio *et al*. *A crônica*: o gênero, sua fixação e suas transformações no Brasil. Campinas, SP: Editora da Unicamp; Rio de Janeiro: Fundação Casa de Rui Barbosa, 1992. p. 75-92.

NUNES, Valentina da Silva. *A produção jornalística de Carlos Drummond de Andrade no* Jornal do Brasil *(1969-1084)*. Orientadora: Rita de Cássia Barbosa. 224 [57] f. 1995. Dissertação (Mestrado em Letras) - Universidade Federal de Santa Catarina, Florianópolis, 1995. Disponível em: https://repositorio.ufsc.br/xmlui/handle/123456789/76232. Acesso em: 20 jun. 2019.

PAIXÃO, Cristiano. Direito, política, autoritarismo e democracia no Brasil: da Revolução de 30 à promulgação da Constituição da República de 1988. *Araucaria:* revista Iberoamericana de Filosofía, Política y Humanidades, Madrid, Universidad de Sevilla, v. 13, n. 26, p. 146-169, 2011. Disponível em: https://www.redalyc.org/articulo.oa?id=28220704008.

PAIXÃO, Cristiano. Autonomia, democracia e poder constituinte: disputas conceituais na experiência constitucional brasileira (1964-2014). *Quaderni Fiorentini per la Storia del Pensiero Giuridico Moderno*, v. 43, p. 415-460, 2014.

PAIXÃO, Cristiano; CARVALHO, C. P. Cultura, política e moral: as diversas faces da censura na ditadura militar brasileira. *In*: SOUSA JR., José Geraldo; RAMOS, Murilo César; GERALDES, Elen; PAULINO, Fernando Oliveira; SOUSA, Janara; DE PAULA, Helga Martins; RAMPIN, Talita; NEGRINI, Vanessa (orgs.). *Introdução crítica ao direito à comunicação e à informação*. Brasília: FAC-UnB, 2016. v. 8, p. 336-348. (O direito achado na rua, v. 8). Disponível em: https://livros.unb.br/index.php/portal/catalog/book/26.

PAIXÃO, Cristiano; FRISSO, Giovanna Maria. Usos da memória: as experiências do Holocausto e da ditadura no Brasil. São Paulo: *Lua Nova* (impresso), v. 1, p. 191-212, 2016.

PENNA, João Camillo. *Drummond*: testemunho da experiência humana. Brasília: Abravídeo, 2011a. Disponível em: http://www.projetomemoria.art.

br/drummond/downloads/fotobiografia/BiografiaCarlosDrummondSite.pdf. Acesso em: 29 jun. 2019.

PENNA, João Camillo. *Drummond*: testemunho da experiência humana. Brasília: Abravídeo, 2011b. Disponível em: http://www.projetomemoria.art.br/drummond/vida/. Acesso em: 31 jul. 2019.

PENNA, João Camillo. *O ensaio, a crônica, a poesia-crônica*. Brasília: Abravídeo, 2011c. Disponível em: http://www.projetomemoria.art.br/drummond/obra/downloads/PENNA Joao Camillo. O ensaio, a cronica, a poesia-cronica.pdf. Acesso em: 1 ago. 2019.

PILATI, Alexandre. *A nação drummondiana quatro estudos sobre a presença do Brasil na poesia de Carlos Drummond de Andrade*. Rio de Janeiro: 7Letras, 2007.

PINHO, Maria Helena da Silva Corrêa. *A crônica em Drummond*: um gênero em trânsito. Orientador: Fernando Segolin. 2011. 98 f. Dissertação (Mestrado em Literatura e Crítica Literária) – Pontifícia Univeridade Católica de São Paulo (PUC-SP), São Paulo, 2011. Disponível em: https://tede2.pucsp.br/bitstream/handle/14677/1/Maria Helena da Silva Correa Pinho.pdf. Acesso em: 20 jan. 2020.

PINTO, Ziraldo. [*Correspondência*] Destinatário: Carlos Drummond de Andrade. Rio de Janeiro, 9 set. 1969. 1 carta pessoal.

PINTO, Ziraldo. [*Correspondência*] Destinatário: Carlos Drummond de Andrade. Rio de Janeiro, 28 ago. 1981. 1 carta pessoal.

PINTO, Ziraldo. [*Correspondência*] Destinatário: Carlos Drummond de Andrade. Rio de Janeiro, 30 set. 1984. 1 carta pessoal.

PORTO, Maria Isabel Gomes Rodrigues. *Crônicas da cidade*: jornalismo e vida urbana, Belo Horizonte 1928-1938. Orientadora: Regina Helena Alves da Silva. 2008. 116 f. Dissertação (Mestrado em Comunicação) – Faculdade de Filosofia e Ciências Humanas, Universidade Federal de Minas Gerais (UFMG), Belo Horizonte, 2008. Disponível em: http://www.educadores.diaadia.pr.gov.br/arquivos/File/setembro2011/geografia_artigos/6disserta_cronicas_cidade.pdf. Acesso em: 11 mar. 2020.

PULINO, Lúcia Helena Cavasin Zabotto. Tornar-se humano e os direitos humanos. *In*: PULINO, Lúcia Helena Cavasin Zabotto; SOUSA JR., José Geraldo de; SOARES, Sílvia Lúcia; COSTA, Cléria Botelho da; LONGO, Clerismar Aparecido; SOUSA, Francisco Lopes de (orgs.). *Educação em e para os direitos humanos*. Brasília: Paralelo 15, 2016. p. 125-159.

RANCIÈRE, Jacques. *O mestre ignorante*. Belo Horizonte: Autêntica, 2002.

REIS FILHO, Daniel Aarão. *Ditadura e democracia no Brasil*. Rio de Janeiro: Zahar, 2014.

RESENDE, Beatriz. Drummond, o cronista do Rio. *Revista USP*, São Paulo, n. 53, p. 76-82, mar./maio 2002. Disponível em: http://www.projetomemoria.art.br/drummond/obra/downloads/RESENDE - Drummond, cronista do Rio.pdf. Acesso em: 24 jul. 2019.

RESENDE, Otto Lara. [*Correspondência*] Destinatário: Carlos Drummond de Andrade. 5 dez. 1972. 1 carta pessoal.

RESENDE, Otto Lara. [*Correspondência*] Destinatário: Carlos Drummond de Andrade. 9 abr. 1974. 1 carta pessoal.

RESENDE, Otto Lara. [*Correspondência*] Destinatário: Carlos Drummond de Andrade. 3 out. 1984. 1 carta pessoal.

RESENDE, Otto Lara. [*Correspondência*] Destinatário: Carlos Drummond de Andrade. 1986. 1 carta pessoal.

SÁNCHEZ RUBIO, David. *Derechos humanos instiuyentes, pensamiento crítico y praxis de la liberación*. Ciudad de México: Edicionesakal, 2018.

SELIGMANN-SILVA, Márcio. Literatura como testemunho da ditadura - a ditadura militar brasileira em dois romances: Bernardo Kucinski e Urariano Mota. *In*: SOUSA JR., José Geraldo de; SILVA FILHO, José Carlos Moreira da; PAIXÃO, Cristiano; FONSECA, Lívia Gimenes Dias da; RAMPIN, Talita Tatiana Dias (orgs.). *Introdução crítica à justiça de transição na América Latina*. Brasília: UnB, 2015. p. 164-168. (O direito achado na rua, v. 7). Disponível em: https://cjt.ufmg.br/wp-content/uploads/2019/02/DE-SOUSA-JR-José-Geraldo.-DA-FONSECA-Lívia-Gimenes-Dias.-DA-SILVA-FILHO-José-Carlos-Moreira.-PAIXÃO-Cristiano.-RAMPIN-Talita-Tatiana-Dias.-Série-O-Direito-Achado-na-Rua-vol.-7_compressed.pdf.

SILVA, Célia Sebastiana. Drummond: de notícias e não-notícias fazem-se a crônica, o conto e a poesia. *Revista Cerrados*, *17*(26), p. 207-218, 2008. Disponível em: http://periodicos.unb.br/index.php/cerrados/article/view/13745. Acesso em: 30 jun. 2019.

SILVA FILHO. José Carlos Moreira da. O anjo da história e a memória das vítimas: o caso da ditadura militar no Brasil. *Veritas*, Porto Alegre, v. 53, n. 2, abr./jun. 2008, p. 150-178. Disponível em: https://core.ac.uk/download/pdf/25530863.pdf. Acesso em: 3 abr. 2020.

SOUSA JR., José Geraldo de. *O direito achado na rua*: concepção e prática. Rio de Janeiro: Lúmen Júris, 2015. (Direito vivo, v. 2, 268 p.)

SOUSA JR., José Geraldo de. Algumas questões relevantes para a compreensão dos direitos humanos: problemas históricos, conceituais e de aplicação. *In*: PULINO, Lúcia Helena Cavasin Zabotto; SOUSA JR., José Geraldo de; SOARES, Sílvia Lúcia; COSTA, Cléria Botelho da; LONGO, Clerismar Aparecido; SOUSA, Francisco Lopes de (orgs.). *Educação em e para os direitos humanos*. Brasília: Paralelo 15, 2016. v. 1, p. 31-71.

SÜSSEKIND, Flora. Um poeta invade a crônica. *In*: SÜSSEKIND, Flora. *Papéis colados*. Rio de Janeiro: UFRJ, 1993. Disponível em: http://www.projetomemoria.art.br/drummond/obra/downloads/Flora Sussekind Um poeta invade a cronica.pdf. Acesso em: 24 jul. 2019.

TODOROV, Tzvetan. *A conquista da América*: a questão do outro. 2. ed. São Paulo: Martins Fontes, 1999.

TODOROV, Tzvetan. *A literatura em perigo*. Rio de Janeiro: Difel, 2009.

WERNECK, Humberto. *Boa companhia*: crônicas. São Paulo: Companhia das Letras, 2005.

Notícias, crônicas e artigos jornalísticos

ANDRADE, Carlos Drummond de. Hora de provar. *Correio da Manhã*, Rio de Janeiro, 4 abr. 1964. Editorial. Disponível em: https://em1964.com.br/hora-de-provar-por-carlos-drummond-de-andrade/. Acesso em: 1 set. 2019.

ANDRADE, Carlos Drummond de. Leilão do ar. *Jornal do Brasil*, Rio de Janeiro, 2 out. 1969a. Caderno B.

ANDRADE, Carlos Drummond de. Tempo de canção (Qualquer). *Jornal do Brasil*, Rio de Janeiro, 4 out. 1969b. Caderno B.

ANDRADE, Carlos Drummond de. O poder ultrajovem. *Jornal do Brasil*, Rio de Janeiro, 7 out. 1969c. Caderno B.

ANDRADE, Carlos Drummond de. Aurora de governo. *Jornal do Brasil*, Rio de Janeiro, 16 out. 1969d. Caderno B.

ANDRADE, Carlos Drummond de. Constituição e cultura. *Jornal do Brasil*, Rio de Janeiro, 23 out. 1969e. Caderno B.

ANDRADE, Carlos Drummond de. Conto de hipopótamo. *Jornal do Brasil*, Rio de Janeiro, 25 out. 1969f. Caderno B.

ANDRADE, Carlos Drummond de. Para depois. *Jornal do Brasil*, Rio de Janeiro, 30 out. 1969g. Caderno B.

ANDRADE, Carlos Drummond de. Deusa em novembro. *Jornal do Brasil*, Rio de Janeiro, 8 nov. 1969h. Caderno B.

ANDRADE, Carlos Drummond de. Ruínas em progresso. *Jornal do Brasil*, Rio de Janeiro, 25 nov. 1969i. Caderno B.

ANDRADE, Carlos Drummond de. O XXXI direito humano. *Jornal do Brasil*, Rio de Janeiro, 27 nov. 1969j. Caderno B.

ANDRADE, Carlos Drummond de. Novidade na missa. *Jornal do Brasil*, Rio de Janeiro, 4 dez. 1969k. Caderno B.

ANDRADE, Carlos Drummond de. O conselheiro. *Jornal do Brasil*, Rio de Janeiro, 9 dez. 1969l. Caderno B.

ANDRADE, Carlos Drummond de. As notícias. *Jornal do Brasil*, Rio de Janeiro, 13 dez. 1969m. Caderno B.

ANDRADE, Carlos Drummond de. Mais dois remorsos? *Jornal do Brasil*, Rio de Janeiro, 16 dez. 1969n. Caderno B.

ANDRADE, Carlos Drummond de. O inseguro. *Jornal do Brasil*, Rio de Janeiro, 23 dez. 1969o. Caderno B.

ANDRADE, Carlos Drummond de. A um senhor de barbas brancas. *Jornal do Brasil*, Rio de Janeiro, 25 dez. 1969p. Caderno B.

ANDRADE, Carlos Drummond de. Nos seus lugares. *Jornal do Brasil*, Rio de Janeiro, 6 jan. 1970a. Caderno B.

ANDRADE, Carlos Drummond de. Jornal pequeno. *Jornal do Brasil*, Rio de Janeiro, 13 jan. 1970b. Caderno B.

ANDRADE, Carlos Drummond de. Inventário da miséria. *Jornal do Brasil*, Rio de Janeiro, 15 jan. 1970c. Caderno B.

ANDRADE, Carlos Drummond de. Adeus, Elixir de Nogueira. *Jornal do Brasil*, Rio de Janeiro, 17 jan. 1970d. Caderno B.

ANDRADE, Carlos Drummond de. Hora de reis e rainhas. *Jornal do Brasil*, Rio de Janeiro, 27 jan. 1970e. Caderno B.

ANDRADE, Carlos Drummond de. Mini-reflexões sobre a maxilinha. *Jornal do Brasil*, Rio de Janeiro, 3 fev. 1970f. Caderno B.

ANDRADE, Carlos Drummond de. O cãozinho e Fernando Pessoa. *Jornal do Brasil*, Rio de Janeiro, 5 fev. 1970g. Caderno B.

ANDRADE, Carlos Drummond de. Carta ao censor. *Jornal do Brasil*, Rio de Janeiro, 17 fev. 1970h. Caderno B.

ANDRADE, Carlos Drummond de. Notícia vária. *Jornal do Brasil*, Rio de Janeiro, 21 fev. 1970i. Caderno B.

ANDRADE, Carlos Drummond de. Lembrança de fevereiro. *Jornal do Brasil*, Rio de Janeiro, 24 fev. 1970j. Caderno B.

ANDRADE, Carlos Drummond de. Aos poetas. *Jornal do Brasil*, Rio de Janeiro, 26 fev. 1970k. Caderno B.

ANDRADE, Carlos Drummond de. Lupe, rápida. *Jornal do Brasil*, Rio de Janeiro, 28 fev. 1970l. Caderno B.

ANDRADE, Carlos Drummond de. Assuntos de março. *Jornal do Brasil*, Rio de Janeiro, 5 mar. 1970m. Caderno B.

ANDRADE, Carlos Drummond de. O Dr. Afrânio. *Jornal do Brasil*, Rio de Janeiro, 7 mar. 1970n. Caderno B.

ANDRADE, Carlos Drummond de. Novo Cruzeiro Velho. *Jornal do Brasil*, Rio de Janeiro, 14 mar. 1970o. Caderno B.

ANDRADE, Carlos Drummond de. Antes da Páscoa. *Jornal do Brasil*, Rio de Janeiro, 21 mar. 1970p. Caderno B.

ANDRADE, Carlos Drummond de. Ganhar o perdido. *Jornal do Brasil*, Rio de Janeiro, 31 mar. 1970q. Caderno B.

ANDRADE, Carlos Drummond de. Escolher. *Jornal do Brasil*, Rio de Janeiro, 2 abr. 1970r. Caderno B.

ANDRADE, Carlos Drummond de. Floriano lá em cima. *Jornal do Brasil*, Rio de Janeiro, 4 abr. 1970s. Caderno B.

ANDRADE, Carlos Drummond de. O Terrorista. *Jornal do Brasil*, Rio de Janeiro, 9 abr. 1970t. Caderno B.

ANDRADE, Carlos Drummond de. 13 soluções de um problema. *Jornal do Brasil*, Rio de Janeiro, 21 abr. 1970u. Caderno B.

ANDRADE, Carlos Drummond de. Pela gravata. *Jornal do Brasil*, Rio de Janeiro, 5 maio 1970v. Caderno B.

ANDRADE, Carlos Drummond de. Obrigado, meu velho. *Jornal do Brasil*, Rio de Janeiro, 9 maio 1970w. Caderno B.

ANDRADE, Carlos Drummond de. Dinheiro Novo, Dinheiro Velho. *Jornal do Brasil*, Rio de Janeiro, 19 maio 1970x. Caderno B.

ANDRADE, Carlos Drummond de. Cartas ao cronista. *Jornal do Brasil*, Rio de Janeiro, 28 maio 1970y. Caderno B.

ANDRADE, Carlos Drummond de. Um cobertor, neste inverno. *Jornal do Brasil*, Rio de Janeiro, 30 maio 1970z. Caderno B.

ANDRADE, Carlos Drummond de. Prece do brasileiro. *Jornal do Brasil*, Rio de Janeiro, 30 maio 1970aa. Caderno B.

ANDRADE, Carlos Drummond de. Mário Presente. *Jornal do Brasil*, Rio de Janeiro, 4 jun. 1970ab. Caderno B.

ANDRADE, Carlos Drummond de. O escritor e sua paixão. *Jornal do Brasil*, Rio de Janeiro, 6 jun. 1970ac. Caderno B.

ANDRADE, Carlos Drummond de. Desisto da candidatura. *Jornal do Brasil*, Rio de Janeiro, 11 jun. 1970ad. Caderno B.

ANDRADE, Carlos Drummond de. Em preto e branco. *Jornal do Brasil*, Rio de Janeiro, 16 jun. 1970ae. Caderno B.

ANDRADE, Carlos Drummond de. A Academia e as Mulheres. *Jornal do Brasil*, Rio de Janeiro, 2 jul. 1970af. Caderno B.

ANDRADE, Carlos Drummond de. Seleção, eleição. *Jornal do Brasil*, Rio de Janeiro, 9 jul. 1970ag. Caderno B.

ANDRADE, Carlos Drummond de. Os primos. *Jornal do Brasil*, Rio de Janeiro, 11 jul. 1970aga. Caderno B.

ANDRADE, Carlos Drummond de. Aquele assunto. *Jornal do Brasil*, Rio de Janeiro, 14 jul. 1970ah. Caderno B.

ANDRADE, Carlos Drummond de. Ferromoças. *Jornal do Brasil*, Rio de Janeiro, 21 jul. 1970ai. Caderno B.

ANDRADE, Carlos Drummond de. Telefones e ruas. *Jornal do Brasil*, Rio de Janeiro, 28 jul.1970aj. Caderno B.

ANDRADE, Carlos Drummond de. Ouro Preto e o juiz alegre. *Jornal do Brasil*, Rio de Janeiro, 6 ago. 1970ak. Caderno B.

ANDRADE, Carlos Drummond de. Ivã na Idade Média. *Jornal do Brasil*, Rio de Janeiro, 11 ago. 1970al. Caderno B.

ANDRADE, Carlos Drummond de. Terror, horror. *Jornal do Brasil*, Rio de Janeiro, 13 ago. 1970am. Caderno B.

ANDRADE, Carlos Drummond de. Literatura, liquidação. *Jornal do Brasil*, Rio de Janeiro, 20 ago. 1970an. Caderno B.

ANDRADE, Carlos Drummond de. Um cidadão. *Jornal do Brasil*, Rio de Janeiro, 1 set. 1970ao. Caderno B.

ANDRADE, Carlos Drummond de. Plebiscito. *Jornal do Brasil*, Rio de Janeiro, 22 set. 1970ap. Caderno B.

ANDRADE, Carlos Drummond de. Primavera afinal encontrada. *Jornal do Brasil*, Rio de Janeiro, 24 set. 1970aq. Caderno B.

ANDRADE, Carlos Drummond de. Hoje não escrevo. *Jornal do Brasil*, Rio de Janeiro, 26 set. 1970ar. Caderno B.

ANDRADE, Carlos Drummond de. Se eu fosse consultado. *Jornal do Brasil*, Rio de Janeiro, 14 abr.1977. Caderno B.

ANDRADE, Carlos Drummond de. O fim de uma editora gloriosa. *Jornal do Brasil*, Rio de Janeiro, 3 jan. 1984a. Caderno B.

ANDRADE, Carlos Drummond de. Os primeiros dias do ano novo. *Jornal do Brasil*, Rio de Janeiro, 5 jan.1984b. Caderno B.

ANDRADE, Carlos Drummond de. Os cinemas estão acabando. *Jornal do Brasil*, Rio de Janeiro, 19 jan. 1984c. Caderno B.

ANDRADE, Carlos Drummond de. Manaus e a história de um cinema. *Jornal do Brasil*, Rio de Janeiro, 31 jan. 1984d. Caderno B.

ANDRADE, Carlos Drummond de. A vária sorte do Palácio de Cristal. *Jornal do Brasil*, Rio de Janeiro, 2 fev. 1984e. Caderno B.

ANDRADE, Carlos Drummond de. O Brasil não tira férias. *Jornal do Brasil*, Rio de Janeiro, 8 mar. 1984f. Caderno B.

ANDRADE, Carlos Drummond de. O lamento do prisioneiro. *Jornal do Brasil*, Rio de Janeiro, 15 mar. 1984g. Caderno B.

ANDRADE, Carlos Drummond de. Duas espécies de outono. *Jornal do Brasil*, Rio de Janeiro, 20 mar. 1984h. Caderno B.

ANDRADE, Carlos Drummond de. O poeta exilado em sua pátria. *Jornal do Brasil*, Rio de Janeiro, 24 mar. 1984i. Caderno B.

ANDRADE, Carlos Drummond de. Uma história de Xacriabás. *Jornal do Brasil*, Rio de Janeiro, 31 mar. 1984j. Caderno B.

ANDRADE, Carlos Drummond de. A mais difícil emenda de todos os tempos. *Jornal do Brasil*, Rio de Janeiro, 3 abr. 1984k. Caderno B.

ANDRADE, Carlos Drummond de. Rápidas e sinceras. *Jornal do Brasil*, Rio de Janeiro, 7 abr. 1984l. Caderno B.

ANDRADE, Carlos Drummond de. O espírito da coisa. *Jornal do Brasil*, Rio de Janeiro, 10 abr. 1984m. Caderno B.

ANDRADE, Carlos Drummond de. Frases à venda. *Jornal do Brasil*, Rio de Janeiro, 14 abr. 1984n. Caderno B.

ANDRADE, Carlos Drummond de. Ainda o espírito da coisa. *Jornal do Brasil*, Rio de Janeiro, 17 abr. 1984o. Caderno B.

ANDRADE, Carlos Drummond de. Um pouco de tudo. *Jornal do Brasil*, Rio de Janeiro, 19 abr. 1984p. Caderno B.

ANDRADE, Carlos Drummond de. Antes da votação. *Jornal do Brasil*, Rio de Janeiro, 26 abr. 1984q. Caderno B.

ANDRADE, Carlos Drummond de. Depois da votação. *Jornal do Brasil*, Rio de Janeiro, 28 abr. 1984r. Caderno B.

ANDRADE, Carlos Drummond de. As coisas pelo avesso. *Jornal do Brasil*, Rio de Janeiro, 1 maio 1984s. Caderno B.

ANDRADE, Carlos Drummond de. O cronista da ambiguidade. *Jornal do Brasil*, Rio de Janeiro, 8 maio 1984t. Caderno B.

ANDRADE, Carlos Drummond de. Papo com Andréia. *Jornal do Brasil*, Rio de Janeiro, 10 maio 1984u. Caderno B.

ANDRADE, Carlos Drummond de. À enfermeira, no seu dia. *Jornal do Brasil*, Rio de Janeiro, 12 maio 1984v. Caderno B.

ANDRADE, Carlos Drummond de. Departamento de varejo. *Jornal do Brasil*, Rio de Janeiro, 5 jun. 1984w. Caderno B.

ANDRADE, Carlos Drummond de. Universidade: fala uma professora. *Jornal do Brasil*, Rio de Janeiro, 23 jun. 1984x. Caderno B.

ANDRADE, Carlos Drummond de. Frase do dia. *Jornal do Brasil*, Rio de Janeiro, 3 jul. 1984y. Caderno B.

ANDRADE, Carlos Drummond de. Bilhetes a diversos. *Jornal do Brasil*, Rio de Janeiro, 5 jul. 1984z. Caderno B.

ANDRADE, Carlos Drummond de. Passarinho na gaiola. *Jornal do Brasil*, Rio de Janeiro, 12 jul. 1984aa. Caderno B.

ANDRADE, Carlos Drummond de. Uma nova visão das bibliotecas municipais. *Jornal do Brasil*, Rio de Janeiro, 14 jul. 1984ab. Caderno B.

ANDRADE, Carlos Drummond de. Entrevistas em Brasília. *Jornal do Brasil*, Rio de Janeiro, 26 jul. 1984ac. Caderno B.

ANDRADE, Carlos Drummond de. Nova profissão: desempregado. *Jornal do Brasil*, Rio de Janeiro, 28 jul. 1984ad. Caderno B.

ANDRADE, Carlos Drummond de. Elogio da chuva. *Jornal do Brasil*, Rio de Janeiro, 31 jul. 1984ae. Caderno B.

ANDRADE, Carlos Drummond de. O dia (que não existe) do pai de todos. *Jornal do Brasil*, Rio de Janeiro, 11 ago. 1984af. Caderno B.

ANDRADE, Carlos Drummond de. É possível sair do caos? *Jornal do Brasil*, Rio de Janeiro, 16 ago. 1984ag. Caderno B.

ANDRADE, Carlos Drummond de. O padre na bienal do livro. *Jornal do Brasil*, Rio de Janeiro, 18 ago. 1984ah. Caderno B.

ANDRADE, Carlos Drummond de. Velhinhos pedem espreguiçadeiras. *Jornal do Brasil*, Rio de Janeiro, 21 ago. 1984ai. Caderno B.

ANDRADE, Carlos Drummond de. Brasil sonhado e possível. *Jornal do Brasil*, Rio de Janeiro, 30 ago. 1984aj. Caderno B.

ANDRADE, Carlos Drummond de. O frio, visto de dois lados. *Jornal do Brasil*, Rio de Janeiro, 1 set. 1984ak. Caderno B.

ANDRADE, Carlos Drummond de. Na feira, um pedaço do Brasil. *Jornal do Brasil*, Rio de Janeiro, 18 set. 1984al. Caderno B.

ANDRADE, Carlos Drummond de. Breves e leves. *Jornal do Brasil*, Rio de Janeiro, 22 set. 1984am. Caderno B.

ANDRADE, Carlos Drummond de. Coração imobiliário. *Jornal do Brasil*, Rio de Janeiro, 25 set. 1984an. Caderno B.

ANDRADE, Carlos Drummond de. Ciao. *Jornal do Brasil*, Rio de Janeiro, 29 set. 1984ao. Caderno B.

ANDRADE, Carlos Drummond. Entrevistas à Maria Julieta. Rio de Janeiro, 1984ap. Disponível em: http://www.projetomemoria.art.br/drummond/midia/entrevistas-a-maria-julieta- 1984.jsp. Acesso em: 15 jan. 2020.

BRUM, Eliane. Doente de Brasil: como resistir ao adoecimento num país (des)controlado pelo perverso da autoverdade. *El País*, Brasil, 2 ago. 2019. Disponível em: https://brasil.elpais.com/brasil/2019/08/01/opinion/1564661044_448590.html. Acesso em: 2 ago. 2019.

COLETIVA.NET. Após voltar às bancas, *Jornal do Brasil* encerra edição impressa mais uma vez. Brasil, 18 mar. 2019. Disponível em: http://coletiva.net/jornalismo-/apos-voltar-as-bancas-jornal-do-brasil-encerra-edicao-impressa-mais-uma-vez,295271.jhtml. Acesso em: 6 jun. 2019.

JORNAL DO BRASIL. Na ilegalidade. Rio de Janeiro, 30 mar. 1964a. Editorial. Disponível em: http://memoria.bn.br/DocReader/DocReader.aspx?-bib=030015_08& pasta=ano%20196&pesq=&pagfis=51445. Acesso em: 26 set. 2019.

JORNAL DO BRASIL. Guerrilha psicológica. Rio de Janeiro, 14 maio 1964b. Editorial. Disponível em: http://memoria.bn.br/DocReader/DocReader.aspx?bib=030015_08&PagFis=53175. Acesso em: 26 set. 2019.

JORNAL DO BRASIL. Drummond aqui entre nós. Rio de Janeiro, 1 out. 1969.

MELLO, Paulo Thiago de. O adeus ao *Jornal do Brasil*. *O Globo*, Rio de Janeiro, 31 ago. 2010a. Disponível em: https://oglobo.globo.com/economia/o-adeus-ao-jornal-do-brasil-apos-119-anos-um-dos-diarios-mais-importantes-do-pais-deixa-de-2958344. Acesso em: 6 jun. 2019.

MELLO, Paulo Thiago de. O adeus ao *Jornal do Brasil*. *Observatório da Imprensa*. 2 set. 2010b, edição 605. Disponível em: http://observatoriodaimprensa.com.br/imprensa-em-questao/o-adeus-ao-jornal-do-brasil/. Acesso em: 4 jun. 2019.

Apêndice

Tabela 1 – Crônicas de Carlos Drummond de Andrade publicadas no *Jornal do Brasil* (out. 1969 – out.1970; set. 1983 – set. 1984) e analisadas nesta obra

	Título da crônica	Data de publicação	Classificação por direito humano
1	Ciao	29/09/84	sem vinculação – introdução e cap. III
2	Se eu fosse consultado	14/04/77	sem vinculação – introdução
3	Ainda o espírito da coisa	17/04/84	sem vinculação – cap. I e cap. III
4	Novidade na missa	04/12/69	sem vinculação – cap. I e III
5	As notícias	13/12/69	sem vinculação – cap. I e IV
6	O escritor e sua paixão	06/06/70	sem vinculação – cap. I
7	O XXXI direito humano	27/11/69	sem vinculação – cap. III
8	Jornal Pequeno	13/01/70	sem vinculação – cap. III
9	Breves e Leves	22/09/84	sem vinculação – cap. III
10	O inseguro	23/12/69	sem vinculação – cap. III
11	Elogio da chuva	31/07/84	sem vinculação – cap. III
12	O frio, visto de dois lados	01/09/84	sem vinculação – cap. III
13	Leilão do ar	02/10/69	Direito às liberdades – cap. III
14	Tempo de canção (Qualquer)	04/10/69	Direito às liberdades – cap. III

	Título da crônica	Data de publicação	Classificação por direito humano
15	O poder ultrajovem	07/10/69	Direito às liberdades – cap. III
16	Aurora de governo	16/10/69	Direito às liberdades – cap. III
17	Nos seus lugares	06/01/70	Direito às liberdades – cap. III
18	Aos poetas	26/02/70	Direito às liberdades – cap. III
19	Assuntos de março	05/03/70	Direito às liberdades – cap. III
20	O Dr. Afrânio	07/03/70	Direito às liberdades – cap. III
21	Pela gravata	05/05/70	Direito às liberdades – cap. III
22	O lamento do prisioneiro	15/03/84	Direito às liberdades – cap. III
23	Carta ao censor	17/02/70	Direito às liberdades – cap. III
24	Cartas ao cronista	28/05/70	Direito às liberdades – cap. III
25	Em preto e branco	16/06/70	Direito às liberdades – cap. III
26	Lupe, rápida	28/02/70	Direito às liberdades – cap. III
27	Constituição e cultura	23/10/69	Direito à cultura e ao patrimônio – cap. III
28	Para depois	30/10/69	Direito à cultura e ao patrimônio – cap. III
29	Ruínas em progresso	25/11/69	Direito à cultura e ao patrimônio – cap. III
30	Notícia vária	21/02/70	Direito à cultura e ao patrimônio – cap. III
31	Ouro Preto e o juiz alegre	06/08/70	Direito à cultura e ao patrimônio – cap. III
32	Mais dois remorsos?	16/12/69	Direito à cultura e ao patrimônio – cap. III
33	Adeus, Elixir de Nogueira	17/01/70	Direito à cultura e ao patrimônio – cap. III
34	Ganhar o perdido	31/03/70	Direito à cultura e ao patrimônio – cap. III
35	Literatura, liquidação	20/08/70	Direito à cultura e ao patrimônio – cap. III
36	Lembrança de fevereiro	24/02/70	Direito à cultura e ao patrimônio – cap. III
37	Mário Presente	04/06/70	Direito à cultura e ao patrimônio – cap. III
38	Obrigado, meu velho	09/05/70	Direito à cultura e ao patrimônio – cap. III
39	O fim de uma editora gloriosa	03/01/84	Direito à cultura e ao patrimônio – cap. III
40	Os cinemas estão acabando	19/01/84	Direito à cultura e ao patrimônio – cap. III
41	Manaus e a história de um cinema	31/01/84	Direito à cultura e ao patrimônio – cap. III

	Título da crônica	Data de publicação	Classificação por direito humano
42	A vária sorte do Palácio de Cristal	02/02/84	Direito à cultura e ao patrimônio - cap. III
43	Uma nova visão das bibliotecas municipais	14/07/84	Direito à cultura e ao patrimônio - cap. III
44	Na feira, um pedaço do Brasil	18/09/84	Direito à cultura e ao patrimônio - cap. III
45	Conto de hipopótamo	25/10/69	Direitos da mulher - cap. III
46	Deusa em novembro	08/11/69	Direitos da mulher - cap. III
47	Mini-reflexões sobre a maxilinha	03/02/70	Direitos da mulher - cap. III
48	O cãozinho e Fernando Pessoa	05/02/70	Direitos da mulher - cap. III
49	Dinheiro Novo, Dinheiro Velho	19/05/70	Direitos da mulher - cap. III
50	A academia e as mulheres	02/07/70	Direitos da mulher - cap. III
51	Aquele assunto	14/07/70	Direitos da mulher - cap. III
52	Telefones e ruas	28/07/70	Direitos da mulher - cap. III
53	Ferromoças	21/07/70	Direitos da mulher - cap. III
54	À enfermeira, no seu dia	12/05/84	Direitos da mulher - cap. III
55	O espírito da coisa	10/04/84	Direitos econômicos e sociais - cap. III
56	Inventário da miséria	15/01/70	Direitos econômicos e sociais - cap. III
57	Um cobertor, neste inverno	30/05/70	Direitos econômicos e sociais - cap. III
58	Novo Cruzeiro Velho	14/03/70	Direitos econômicos e sociais - cap. III
59	Floriano lá em cima	04/04/70	Direitos econômicos e sociais - cap. III
60	Dinheiro Novo, Dinheiro Velho	19/05/70	Direitos econômicos e sociais - cap. III
61	Prece do brasileiro	30/05/70	Direitos econômicos e sociais - cap. III
62	Um cidadão	01/09/70	Direitos econômicos e sociais - cap. III
63	O conselheiro	09/12/69	Direitos econômicos e sociais - cap. III
64	A um senhor de barbas brancas	25/12/69	Direitos econômicos e sociais - cap. III
65	Antes da Páscoa	21/03/70	Direitos econômicos e sociais - cap. III
66	Ivã na Idade Média	11/08/70	Direitos econômicos e sociais - cap. III

	Título da crônica	Data de publicação	Classificação por direito humano
67	Nova profissão: desempregado	28/07/84	Direitos econômicos e sociais - cap. III
68	O dia (que não existe) do pai de todos	11/08/84	Direitos econômicos e sociais - cap. III
69	O padre na bienal do livro	18/08/84	Direitos econômicos e sociais - cap. III
70	Brasil sonhado e possível	30/08/84	Direitos econômicos e sociais - cap. III
71	Hora de reis e rainhas	27/01/70	Direito à democracia e à participação política e social - cap. III
72	Escolher	02/04/70	Direito à democracia e à participação política e social - cap. III
73	O Terrorista	09/04/70	Direito à democracia e à participação política e social - cap. III
74	13 soluções de um problema	21/04/70	Direito à democracia e à participação política e social - cap. III
75	Desisto da candidatura	11/06/70	Direito à democracia e à participação política e social - cap. III
76	Seleção, eleição	09/07/70	Direito à democracia e à participação política e social - cap. III
77	Os primos	11/07/70	Direito à democracia e à participação política e social - cap. III
78	Terror, horror	13/08/70	Direito à democracia e à participação política e social - cap. III
79	Plebiscito	22/09/70	Direito à democracia e à participação política e social - cap. III
80	Primavera afinal encontrada	24/09/70	Direito à democracia e à participação política e social - cap. III
81	Os primeiros dias do ano novo	05/01/84	Direito à democracia e à participação política e social - cap. III
82	O Brasil não tira férias	08/03/84	Direito à democracia e à participação política e social - cap. III
83	Duas espécies de outono	20/03/84	Direito à democracia e à participação política e social - cap. III
84	O poeta exilado em sua pátria	24/03/84	Direito à democracia e à participação política e social - cap. III
85	A mais difícil emenda de todos os tempos	03/04/84	Direito à democracia e à participação política e social - cap. III

	Título da crônica	Data de publicação	Classificação por direito humano
86	Rápidas e sinceras	07/04/84	Direito à democracia e à participação política e social – cap. III
87	Frases à venda	14/04/84	Direito à democracia e à participação política e social – cap. III
88	Um pouco de tudo	19/04/84	Direito à democracia e à participação política e social – cap. III
89	Antes da votação	26/04/84	Direito à democracia e à participação política e social – cap. III
90	Depois da votação	28/04/84	Direito à democracia e à participação política e social – cap. III
91	Papo com Andréia	10/05/84	Direito à democracia e à participação política e social – cap. III
92	As coisas pelo avesso	01/05/84	Direito à democracia e à participação política e social – cap. III
93	Departamento de varejo	05/06/84	Direito à democracia e à participação política e social – cap. III
94	Universidade: fala uma professora	23/06/84	Direito à democracia e à participação política e social – cap. III
95	Frase do dia	03/07/84	Direito à democracia e à participação política e social – cap. III
96	Bilhetes a diversos	05/07/84	Direito à democracia e à participação política e social – cap. III
97	Passarinho na gaiola	12/07/84	Direito à democracia e à participação política e social – cap. III
98	Entrevistas em Brasília	26/07/84	Direito à democracia e à participação política e social – cap. III
99	É possível sair do caos?	16/08/84	Direito à democracia e à participação política e social – cap. III
100	Uma história de Xacriabás	31/03/84	sem vinculação – cap. III
101	Velhinhos pedem espreguiçadeiras	21/08/84	sem vinculação – cap. III
102	O inseguro	23/12/69	sem vinculação – cap. III e IV
103	Hoje não escrevo	26/09/70	sem vinculação – cap. IV
104	O cronista da ambiguidade	08/05/84	sem vinculação – cap. IV
105	Coração imobiliário	25/09/84	sem vinculação – cap. IV

GRÁFICA PAYM
Tel. [11] 4392-3344
paym@graficapaym.com.br